曾国藩传

蒋星德 著

吉林人民出版社

图书在版编目（CIP）数据

曾国藩传 / 蒋星德著 . -- 长春 : 吉林人民出版社，
2013.8 （2021.1 重印）
（大师人物馆）
ISBN 978-7-206-09963-2

Ⅰ. ①曾… Ⅱ. ①蒋… Ⅲ. ①曾国藩（1811 ~ 1872）
—传记 Ⅳ. ① K827=52

中国版本图书馆 CIP 数据核字 (2013) 第 208105 号

曾国藩传

著　　者：蒋星德
责任编辑：孟　奇
制　　作：吉林人民出版社图文设计印务中心
吉林人民出版社出版 发行（长春市人民大街 7548 号　邮政编码：130022）
印　　刷：三河市天润建兴印务有限公司
开　　本：710mm × 1000mm　1/16
印　　张：12.75　　　　　　字　　数：175 千字
标准书号：ISBN 978-7-206-09963-2
版　　次：2013 年 8 月第 1 版　　　印　　次：2021 年 1 月第 2 次印刷
定　　价：36.00 元

目录

目录

下　编

目录

目录

有史以来不一二睹之大人

——梁启超论曾国藩

曾文正者，岂惟近代，盖有史以来不一二睹之大人也已；岂惟我国，抑全世界不一二睹之大人也已。然而文正固非有超群绝伦之天才，在并时诸贤杰中称最钝拙；其所遭值事会，亦终身在拂逆之中。然乃立德、立功、立言，三并不朽，所成就震古铄今，而莫与争者，其一生得力在立志，自拔于流俗，而困而知，而勉而行，历百千艰阻而不挫屈；不求近效，铢积寸累，受之以虚，将之以勤，植之以刚，贞之以恒，帅之以诚，勇猛精进，坚苦卓绝。如斯而已，如斯而已！

孟子曰："人皆可以为尧舜。"尧腕信否尽人皆可学焉而至，吾不敢言；若曾文正之尽人皆可学焉而至，吾所敢言也。何也？文正所受于天者，良无以异于人也。且人亦孰不欲向上？然生当学绝道丧、人欲横流之会，窳败之习俗，以雷霆万钧之力，相罩相压，非甚强毅者，固不足以抗圉之。荀卿亦有言："庸公驽散，则劫之以师友。"而严师畏友，又非可亟得之于末世，则夫滔滔者之日趋于下，更奚足怪！其一二有志之士，其亦惟乞灵典册，得片言单义而持守之，以自鞭策，自夹辅，自营养，犹或可以杜防堕落而渐进于高明。古人所以得一善，则拳拳服膺而日三复，而终身诵焉也。抑先圣之所以扶世教、正人心者，四书六经亦盖备矣。然义丰词约，往往非末学所骤能领会，且亦童而习焉，或以为陈言而忽不加省也。近古诸贤阐扬辅导之言，益汗牛充栋，然其义大率偏于收敛，而贫于发扬。夫人生数十寒暑，受其群之荫以获自存，则于其群岂能不思所报？

报之则必有事焉，非曰逃虚守静而即可以告无罪也明矣，于是乎不能不日与外境相接构。且既思以己之所信易天下，则行且终其身以转战于此浊世。若何而后能磨炼其身心，以自立于不败？若何而后能遇事物泛应曲当，无所挠枉？天下最大之学问，殆无以过此！非有所程式而养之于素，其孰能致者？

曾文正之殁，去今不过数十年，国中之习尚事势，皆不甚相远。而文正以扑拙之姿，起家寒素，饱经患难，丁人心陷溺之极运，终其生于挫折讥妒之林，惟恃一己之心力，不吐不茹，不靡不回，卒乃变举世之风气，而挽一时之浩劫。彼其所言，字字皆得之阅历而切于实际，故其亲切有味，资吾侪当前之受用者，非唐宋以后儒先之言所能逮也。孟子曰："闻伯夷之风者，懦夫有立志。"又曰："奋乎百世之上，百世之下闻者莫不兴起。"况相去仅一世，遗泽未斩，模楷在望者耶？则兹编也，其真全国人之布帛菽粟而斯须不可去身者也。

上　编

第一章　少年时代（1811—1839）

第一节　曾国藩所处的时代背景

距今一百二十多年以前，当清嘉庆十六年（1811）的时候，在湖南湘乡地方，出生了一个小孩子。这孩子后来成就了一番大事业，替行将崩溃的清政府延长了六十年的寿命，而他的人格和办事精神，比他的军功更受人钦敬。这人是谁？便是清中兴名将以文人而消灭太平天国的曾国藩。

大家也许要怀疑，曾国藩以一文弱书生，训练乡勇以保卫桑梓，卒将"传警达十七省，奋斗垂十五年"的太平军，加以消灭，倘若不是"奇迹"，定是"天意"了。其实曾国藩的一生事业，绝非偶然的成功。我们要研究他一生奋斗的经过，先得看清曾国藩所处的时代背景。

曾国藩的初年，距清开国近二百年，承平日久，官吏不免习于荒嬉，政事也就日非，当时的情形是：

> 时值承平日久，朝野酣嬉，习于虚伪，军事吏治，腐败已极，无可拨之饷，无可战之兵。
>
> （《崇德老人八十自订年谱·附录》）

当时吏治的腐败，日甚一日，清政府掌握政权，排挤汉人，一般自爱的人，都洁身退隐山林，为官的都是些尸位素餐，消玩时日的人，而一般官吏，更肆暴戾，作威作福，为所欲为。道光三十年（1850）曾国藩描写当时的官僚现象如下：

……大率以畏葸为慎，以柔靡为恭，京官之办事通病有二：曰退缩，曰琐屑；外官之办事通病有二：曰敷衍，曰颟顸。退缩者同官互推，不肯任怨，动辄请旨，不肯任咎是也；琐屑者利析锱铢，不顾大体，察及秋毫，不见舆薪是也；敷衍者装头盖面，但计目前，剜肉补疮，不计明日是也；颟顸者外面完全而中已溃烂，章奏粉饰，而语无实际是也，有此四者，历俗相沿，但求苟安无过，不求振作有为，将来一有艰巨，国家必有乏才之患。

（《应诏陈言疏》）

当时兵营的腐败，也已达了极点。绿营兵平时作小贩，拨乱民间，战时互相推诿，败则逃，胜则相嫉，毫无纪律可言。曾氏说：

兵伍之情状，各省不一，漳、泉悍卒，以千百械斗为常，黔、蜀冗兵，以勾结盗贼为业。其它吸食鸦片，聚开赌场，各省皆然。大抵无事则游手恣睢，有事则雇无赖之人代充。见贼则望风崩溃，贼去则杀民以邀功……

（《议汰兵疏》）

另一位中兴名将胡林翼又描写当时一个清将军胜保的情形说：

胜保每战必败，每败必以胜开。

胜保在蒋坝，残败不复能军，山东人向呼此公为“败保”。盖其治军也，如郑公子突所谓“胜不相让，败不相救；轻而不整，贪而无亲”者矣。

（《胡林翼遗集》卷六十五）

因为政治的不良，兵营的腐败，成为种种社会不安的因素，在上者不知民间疾苦，造成“官逼民反”的事实，所以在太平天国发生以前，长江上游常生乱事，此外瑶乱于湖南、广东、广西。尤以广西的苗乱为甚。但因为规模不大，组织不善，所以经官方加以压制，不能酿成大患。道光二十七八年间两广大饥，于是群盗纷起，到处劫掠，洪秀全乘机扩充势力，组织会堂，号召民众，在道光三十年（1850）二月间起事于广西桂平金田村，咸丰元年（1851）称太平天国，遂成不可收拾之势。

匪患扰乱和天灾流行，使民间疾苦更深。道光年间黄河下流时常决口，河南一带，饥民极多。此外淮水变乱常生，同时南北运河时常出漕，两岸堤墙塌卸，民无宁日。那时民间的苦况：

地方之苦，百物荡然，公私赤立，民固无以自活，官亦几难自存。又或到任未久，寇氛踵至，纵有贤员，莫能措手，即行军所过，亦往往百里不见炊烟，竟日不逢行人。

（《致吴竹如书》）

此外曾国藩所处时代的一个最大特点，便是海禁大开，帝国主义对华开始侵略。在曾国藩以前，中国还是因习着几千年的闭关时代，而他适逢其时，亲启了这个新时代的序幕。从鸦片战争到英法联军，是中国对外开始大失威信的时期。太平天国起于鸦片战争失败之后，盛于英法联军进攻津、京之时，当时的内乱外患，使得国家日处于风雨飘摇之中。曾国藩身经目睹，奋力挣扎。其遭遇之苦可以想见。

从上面说来，我们可以看出曾国藩所处时代的一个概况。曾国藩的时代，简单地说，是一个政治黑暗，军队腐败，社会不安，天灾流行，内乱外患交相侵迫的一个时代，但曾国藩卒能赤手空拳，任劳任怨，平定内乱，使濒于危亡的清政府，延长了六十年的寿命。我们看察曾氏事业的成功，虽说是基于天生过人的才力，但也是艰难困苦的环境，造成他的惊人事业。

第二节　曾国藩的家世

近代人讨论曾国藩的生平事业，以为替清卖气力，扑灭太平天国，这种人是不足齿的。

曾国藩出生的时代，当西历十九世纪的初叶，欧美虽已开始了民族主义和民主政治的思想，但中国一向是闭关自守，除掉几千年传下来的忠君孝悌，决没有其它具体的政治思想的存在。洪秀全的革命运动，究竟免不掉当时一般士大夫的侧目。所以我们倘以二十世纪现代的目光，去平衡十九世纪初叶曾氏的政治思想，是缺乏评判的根据的。

曾国藩的家世，我们可以拿一句话去包括它，叫做“耕读传家”。耕读二字本是中国历来士大夫的职业，耕则退可以自守，读则进可以干禄。在清时代，不独湖南湘乡曾氏一家为然，那时凡称得上“士”的，大都如此，观了下面这一节曾国藩祖父玉屏的自述，便可以知道曾氏的家世怎样：

> ……余年三十五，始讲求农事，居枕高嵋山下，垄峻如梯，田小如瓦。吾凿石决壤，开十余畛而通为一，然后耕夫易于从事。吾昕宵行水，听虫鸟鸣声，以知节候，观露上禾颠以为乐。种蔬半畦，晨而耘，吾任之，夕而粪，佣保任之。入而饮豕，出而养鱼，彼此杂职之。凡菜茹手植而手撷者，其味弥甘；凡物亲

历艰苦而得者，食之弥安也。吾宗自元、明居衡阳之庙山，久无祠宇，吾谋之宗族诸老，建立祠堂，岁以十月致祭。自国初迁居湘乡，至吾曾祖元吉公，基业始宏，吾又谋之宗族，别立祀典，岁以三月致祭。世人礼神徼福，求诸幽遐，吾以为神之陟降，莫亲于祖考，故独隆于生我一本之祀，而他祀姑阙焉。后世虽贫，礼不可堕；子孙虽愚，家祭不可简也。吾早岁失学，壮而引为深耻，既令子孙出就名师，又好宾接文士，候望音尘，常愿通材宿儒，接迹吾门，此心乃快。其次老成端士，敬礼不怠。其下泛应群伦。至于巫医僧徒堪舆星命之流，吾屏斥之惟恐不远。旧姻穷乏，遇之惟恐不隆。识者观一门宾客之雅正疏数，而卜家之兴败，理无爽者。乡党戚好，吉则贺，丧则吊，有疾则问，人道之常也，吾必践焉，必躬焉。财不足以及物，吾以力助焉。邻里讼争，吾常居间以解两家之纷；其尤无状者，厉辞诘责，势若霆摧，而理如的破，悍夫往往神沮。或具尊酒通殷勤，一笑撤去。君子居下则排一方之难，在上则患万物之嚣，其道一耳。津梁道途废坏不治者，孤嫠衰疾无告者，量吾力之所能，随时图之，不无卜补，若必待富而后谋，则天下终无成之事矣。

（《曾文正公大事记》卷一）

这篇文字虽未必没有夸张的成分，但从上面看来，像立祠堂，隆祭祀，敬宿儒，屏斥医卜星相，救济穷乏，优待乡党，调解讼争，这许多事情都是稍有名望的耕读人家所优为的，并无多大的夸张。

曾氏虽“自明以来，世业农，积善孝友，而不显于世”，但是他家虽不曾做大官，却无疑是一个乡间缙绅。上面的一篇自述。不啻为“耕读”二字写照。曾国藩从小生长在这种家庭里，眼目所接触的，是尊辈勤俭素朴的生活；耳朵所听到的，是礼义廉耻一类的训诲；书上所读的，是忠君爱国的思想。以这样的家世，这样的环境，终于造就了曾氏这样的人物。

曾国藩的一生事业，是和他的家世息息相关的。从大处说，他所领导的湘勇和太平军的战争，无异于一幕宗教战争。因为太平军信奉的是类似天主教的一种宗教，这在儒家看来是违反孔孟之道的所谓“异端”，曾国藩的家世是世代宗儒，言必孔孟，对于太平天国那种“异端”，无疑是要深恶而痛绝之了。从小处说，曾国藩的一生，没有一时忘记他祖先的遗训，在他的日记和书信里，都可以看出来。他信奉祖父的遗训，黎明即起，克勤克俭，周恤贫穷，疏医远巫，甚至把祖父的家规，编成八字句：“书、蔬、猪、鱼、考、宝、早、扫，常说常行，八者都好；地、命、医、理、僧、巫、祈、祷，留客久住，六者俱恼。”直到后来官封一等侯爵，做了两江直隶等总督，对于勤俭家训，还不敢私毫逾闲。曾国藩一生私德的伟大实在是他的家世有以促成的。

第三节　少年时代的生活

曾国藩的父亲名叫竹亭，是一个劳苦积学的人，一直考试不利，直到四十三岁才“入学”。国藩的母亲江夫人，生了五个儿子四个女儿。国藩字伯涵，号涤生，在九位兄弟姊妹中他居次长，二弟国潢（澄侯），三弟国华（温甫），四弟国荃（沅浦），五弟国葆（事恒）。他的姊姊名叫国兰，三位阿妹名国蕙、国芝、国×（季妹）。

曾国藩是嘉庆十六年（1811）十月十一日，生于湖南湘乡白阳坪的。五岁的时候（嘉庆二十年），他的祖父和父亲便教他读书，六岁时入家塾，以陈雁门为问字师。

曾国藩的父亲，既然考试不得志，于是便在家塾“利见斋”中，招收了十多个学生，从事教书的工作，曾国藩便在他父亲的家塾中，受了七八年的教育。

道光四年（1824）的时候，曾国藩年十四岁，那时有一位衡阳廪生欧阳沧溟，常来家塾，见国藩才气过人，因此便把自己的女儿许字给他。曾国藩订婚后，便跟着父亲竹亭到长沙去“应童子试”，可是这次并没有考取。回来以后，在父亲竹亭设立的家塾“锡麒斋”中读书。到十六岁时（道光六年），“应长沙府试”，取列第七名。

当他二十岁时（道光十年），曾到衡阳唐氏家塾，拜汪觉庵为师，次年从衡阳回家，冬季后在湘乡“涟滨书院”肄业。第二年他的父亲竹亭“以府试案首入湘乡县学”，他自己也“应试备取以佾生注册”。考试完毕后，仍旧回到家塾“利见斋”。

道光十三年（1833）十二月，曾国藩和他的夫人欧阳氏结婚，是年补县学生员。

第二年他肄业于“岳麓书院”，因为能诗能文，声名很盛，不久便中了第三十六名举人。

附　录：

答李生

我年廿四登乡贡，始与刘蓉相追陪。延津双剑忽会合，深夜挂壁鸣风雷。勋名自谓凌管乐，文采何曾怯邹枚。岂知羲和鞭日月，头上光阴火急催。老刘偃蹇不称意，酸寒一衿初受裁。我虽置身霄汉上，器小仅侪瓶与缶。立朝本非汲黯节，媚世又无张禹才。似驴非驴马非马，自憎形影良可咍。中天广殿镵云开，飞甍结构要群材。倦眼相遍天下士，焉知吾国有颜回。李生年少风骨峻，骁腾汗血龙所胎。平地一朝能九仞，欲与老刘争崔嵬。万里辞家来从我，如金受冶玉受锤。斲轮只有一心喻，献璞翻为两足灾。世上升沉日千变，得失于我有何哉！朝来告别问何往，迎妇塞外祠高禖。长安自是别离海，新婚便作锦绣堆。离情吉语双惝恍，新诗妙句千琼瑰。我有一言生听取，冰蘖乃为福之媒。富贵绮罗遭鬼瞰，忧患可以竖筋骸。陈平终非贫贱客，王章莫忘辛苦怀。边关十月雪黏天，劝生为我尽一杯。

第四节　到北京去

曾国藩中举之后，便在这年十一月中到京都（北京）去。那时的交通不像现在便利，从湖南湘乡到北京，最快也需二十天，有时甚至要走一个多月。

国藩到了北京后，住在长沙郡馆，准备着考进士，第二年考试失败，便留在北京读书。黎庶昌等编的年谱中说：

……会试不售，留京师读书，研穷经史，尤好昌黎韩氏之文，慨然思蹑而从之。治古文词自此始。

（道光十五年）

次年考试又不利，总觉得心中有些气闷，因此便想回湖南，并且绕道江南一游。那时曾国藩有一位同乡，姓易名作梅，在江苏徐州府的睢宁县做知县。国藩和他熟识，因此，便去访问他。从清江浦到扬州再到南京，一路游览而来，再从长江水道回到湖南湘乡。

曾国藩在京都住了将近两年，窘困得很，因此在经过睢宁时，向易作梅借了一百块钱。作梅以为他有急用，当然随便地借给他了。谁知曾国藩路过南京，把这笔款子完全买了书。还不够，便把衣服送进质当店，换出钱来买书。大凡有大学问的人，都不免干这种呆事。记得中山先生在伦敦的时候，穷困不堪，许多青年留学生筹了一笔款子，大约是三十金镑，给中山先生换面包吃的，谁知中山先生宁愿捱饿，却把这笔钱去买了书，把青年留学生气恼了。在这里，我们可以看到曾国藩的读书癖。

国藩回到家里，把所买的廿三史取出来给他的父亲竹亭看。竹亭才知道这事的原委，他说：“你借钱买书，我决不吝惜，但望你能细心阅读！”在这一年中，国藩在家里尽心读书。

曾国藩不独有读书癖，并且求知欲也很强。他听说浏阳孔庙祭祀时，奏的是古乐，引起他考证音律的兴趣，因此便到浏阳县去，和浏阳举人贺以南等研究声音律吕的源流，住了两个月，归家时经过长沙，遇到刘蓉、郭嵩焘等；年轻而有才气的人遇见了，免不了纵谈古今，讨论学问，因此国藩在长沙又住了一个多月，才分别回家。

这年（道光十七年）曾国藩二十七岁，做了父亲。这年十月间，他有了第一个儿子，取名桢第，但这孩子活不多久，在十五个月后便染天花殇亡了。国藩因为在家已近两年，想到科名一事，禁不住跃跃欲试，因此在这年十二月间，预备进京赴考。可是家里一时筹不出这笔款子，只得向同族戚友家借了三十二缗钱，动身赴京，到京都时身边只剩着三缗钱了。那时生活程度虽低，可是像曾国藩这样苦的赴考者却不多。

曾国藩在十二月间从湖南动身，在路上过了年，第二年的（道光十八年）正月进了京都，住在内城西登墀堂。这一年他的考运大佳，看下面一段记载：

> 道光十八年戊戌科会试，中式第三十八名贡士。正大光明殿覆试一等。殿试三甲第四十二名，赐同进士出身。朝考进呈，拟一等第三名，宣宗拔置第二名，改翰林院庶吉士。
>
> （《曾文正公大事记》）

曾国藩在道光十七年十二月入京时还不过是一个举人，到十八年五月便做了翰林院庶吉士，真合上俗话“青云直上”了。

和国藩同时考取进士的同乡，有梅钟澍、陈源兖，都是他的好朋友。国藩从小对于读书便有卓见，不随流俗。进了翰林院之后，便自立课程，并且把自己的研究著述工作分为五门：茶余偶谈，过隙影，馈贫粮，诗文钞和诗文草。曾氏本名子城，在中进士后，更名国藩，表示其有国家大志的意思。

道光十八年八月，曾国藩请假出都，和凌玉垣、郭嵩焘同行。走到湖北，船遇大风，十二月到家。那时国藩的祖父星冈还健在，见他做了翰林回来，置酒称庆，并且对他的父亲说：

> 吾家以农为业，虽富贵，毋失其旧；彼为翰林，事业方长，吾家中食用无使关问，以累其心。

所以：

> 自是以后，公官京师，十余年未尝知有家累。
>
> （《曾文正公年谱》）

读书人所认为重要的事，不外乎游谒贤祠和修理族谱了。家累既用不着国藩去管，所以在次年（道光十九年）五月，曾国藩从家乡经衡阳到耒阳县，谒杜工部（甫）的祠堂，六月间回家后，从事“议修谱牒，清查源流”的工作。从这一年起，他开始写日记，每天把所做的事和所读的书都记下，名叫“过隙影”。他用着非常的毅力去写日记，直到他病殁的前一天，他的日记册上还遗留着新鲜的笔迹。

这年十一月间他做了第二个儿子的爸爸，这孩子就是后来在外交界上大露头角的曾纪泽。同时他动身上北京，父亲竹亭和叔父高轩送他到长沙。十二月底经过汉口，路经罗山县遇到大雪，便留在罗山度岁。到第二年正月，才换车进京。

附　录：

五　箴

少不自立，荏苒遂洎今兹。盖古人学成之年，而吾碌碌尚如斯也。不其戚矣！继是以往，人事日纷，德慧日损，下流之赴，抑又可知。夫疢疾所以益智，逸豫所以亡身，仆以中才而顺，将欲刻苦而自振拔，谅哉其难之欤！作五箴以自创云：

立志箴

煌煌先哲，彼不犹人。藐焉小子，亦父母之身。聪明福禄。予我者厚哉！弃天而佚，是及凶灾。积悔累千，其终也已。往者不可追，请从今始。荷道以躬，舆之以言。一息尚存，永矢弗谖。

居敬箴

天地定位，二五胚胎。鼎焉作配，实曰三才。俨恪斋明，以凝女命。女之不庄，伐生戕性。谁人可慢？何事可弛？弛事者无成，慢人者反尔。纵彼不反，亦长吾骄。人则下女，天罚昭昭。

主静箴

斋宿日观，天鸡一鸣。万籁俱息，但闻钟声。后有毒蛇，前有猛虎，神定不慑，谁敢予侮？岂伊避人，日对三军。我虑则一，彼纷不纷。驰骛半生，曾不自主。今其老矣，殆扰扰以终古。

谨言箴

巧语悦人，自扰其身。闲言送日，亦搅女神。解人不夸，夸者不解。道听途说，智笑愚骇。骇者终明，谓女贾欺。笑者鄙女，虽矢犹疑。尤悔既丛，铭以自攻。铭而复蹈，嗟女既耄。

有恒箴

自吾识字，百历及兹。二十有八载，则无一知。曩者所忻，阅时而鄙。故者既抛，新者旋徒。德业之不常，日为物迁。尔之再食，曾未闻或愆。黍黍之增，久乃盈斗。天君司命，敢告马走。

居　业

古者英雄立事，必有基业。如高祖之关中，光武之河内，魏之兖州，唐之晋阳，皆先据此为基，然后进可以战，退可以守。君子之学道也，亦必有所谓基业者。大抵以规模宏大、言辞诚信为本。如居室然，宏大则所宅者广，托庇者众；诚信则置趾甚固，结构甚牢。《易》曰：“宽以居之。”谓宏大也。“修辞立其诚，所以居业”，谓诚信也。大程于曰：“道之浩浩，何处下手？惟立诚才有可居之处。”诚便是忠信；修省言辞，便是要立得这忠信。若口不择言，逢事便说，则忠信亦被汩没；动荡立不住了。国藩按；立得住，即所谓居业也。今世俗言：“兴家立业”是也。子张曰：“执德不宏，信道不笃，焉能为有？焉能为亡？”亦谓苟不能宏大、诚信，则在我之知识浮泛动荡，指为我之所有也不可，指为我之所无也亦不可。是则终身无可居之业。程子所谓立不住者耳。

第二章　京官生活（1840—1851）

第五节　刻苦自励

吾于道光十九年十一月初二日进京散馆，十月二十八早侍祖父星冈公于阶前，请曰："此次进京，求公教训。"星冈公曰："尔的官是做不尽的；尔的才是好的。但不可傲。满招损，谦受益。尔若不傲，更好全了。"遗训不远，至今尚如耳提面命。

（《咸丰十年九月二十日致沅季弟书》）

道光二十年（1840）正月，曾国藩回到北京，开始了京官生活。他奉着祖父给他的教训，努力为学，刻苦自励，不敢丝毫疏忽。

十二月间他从关侯庙移居棉花六条胡同，他的父亲竹亭进京，欧阳夫人和四弟国荃、儿子纪泽都同来。开年后父亲竹亭住了没有多久，便回湖南，第三年四弟国荃也回去了。做京官第一件为难的，便是"穷"。所以曾国藩给他家里的信说：

孙此刻在京，光景渐窘。然当京官者，大半皆东扯西支，从无充裕之时，亦无冻饿之时。

（《道光二十一年六月二十九日致祖父》）

男目下光景渐窘，恰有俸银接续；冬下又望外官例寄炭资。

今年尚可勉强支持，至明年则更难筹划。借钱之难，京城与家乡相仿，但不勤逼强逼耳。

（《道光二十一年八月初三日致父》）

当时做京官的惟一希望，便是放外缺，但曾国藩并不想外放捞钱，他宁愿穷守着京都读书。他说：

无论京官自治不暇，即此外放，或为学政，或为督抚，而如今三江两湖之大水灾，几于嗷鸿半天下；为大官者，更何忍于廉俸之外，多取半文乎？

（《道光二十九年七月十五日致澄侯等四弟》）

他既不把贫困放在心中，所以他能安心读书。他在家信中说：

近因体气日强，每日发奋用功，早起温经，早饭后读廿三史，下午日阅诗古文。每日共可看书八十页，皆过笔圈点。若有耽搁，则止看一半。

（《道光二十年十月十九日致父母》）

这时他致力于宋学，和倭仁、吴廷栋、何桂珍、陈源兖等往复讨论，互相勉励。他每天写的日记，凡一天的过失都写在上面，多痛自刻责的话。他并且立了一个课程，作为他每日生活的规范：

主敬　整齐严束，无时不惧；无事时心在腔子里，应事时专一不杂。

静坐　每日不拘何时，静坐一会。

早起　黎明即起，醒后勿沾恋。

读书不二　一书未点完，断不看他书。

读史　廿三史每日读十页，虽有事不间断。

写日记　须端楷，凡日间过恶——身过，心过，口过——皆记出，终身不间断。

日知其所亡　每日记茶余偶谈一则，分为德行门、学问门、经济门、艺术门。

月无忘所能　每月作诗文数首。

谨言　刻刻留心。

义气　无不可对人言之事。

保身　谨遵大人手谕，节欲、节劳、节饮食。

作字　早饭后作字，凡笔墨应酬，当作自己功课。

夜不出门　旷功疲神，切戒切戒。

（《曾文正公年谱》）

对于这几件事，他能努力实践。尤其是早起，他奉着先人的教训，黎明便起，成为习惯。他的“求缺斋”日记，更为一般人所称道。他尝说：

今吾家椿萱重庆，兄弟无故，京师无比美者，亦可谓至万全者矣！故兄但求缺陷，名其居曰“求缺斋”，盖求缺于他事，而求全于堂上，此则区区之至愿也！家中旧债不能悉清，堂上衣服不能多办，诸弟所需用不能一给，亦求缺陷之义也。

（《道光廿四年三月初十日致六九弟》）

可见他涵养的高超了。

他还怕自己信念不坚，所以在辛卯年改号涤生。取名的意义，据他自己说："涤者，取涤其旧染之污也！生者，取明袁了凡之言，从前种种譬如昨日死，从后种种譬如今日生也！"

同时他还负起教育诸弟的责任。他叫几位弟弟寄文到京，改阅后再寄回去。国荃本来随他在京读书的，后来国荃回去了，他写信给他的几位阿弟说：

> 九弟在京年半，余散懒不努力。九弟去后余乃稍能立志，盖余实负九弟矣！余尝语岱云曰："余欲尽孝道，更无他事；我能教诸弟进德业一分，则我之孝有一分；能教诸弟进十分，则我孝有十分；若全不教弟成名，则我大不孝矣！九弟之无长进，是我之大不孝也！"惟愿诸弟发奋立志，念念有恒，以补我之不孝之罪，幸甚！幸甚！
>
> （《道光二十二年十一月十七日致诸弟》）

有这样的兄长，我想做兄弟的没有不受感动的。

道光二十三年（1843）三月，曾国藩升任翰林院侍讲，六月任四川正考官，十一月回京复命。国藩居在京都四年，景况很苦，生活俭朴，但对于穷困和疾病死亡的同乡，必尽力资助。从四川回来，得到俸银千元寄家，并且拿出一部分钱来救济贫困的亲友，他在家信中说：

> 孙所以汲汲馈赠者，盖有二故：一则我家气运太盛，不可不格外小心，以为持盈保泰之道；旧债尽清，则好处太全，恐盈极生亏；留债不清，则好中不足，亦处乐之法也！二则各亲戚家，皆贫而年老者；今不略为资助，则他日不知何如？自孙入都后如彭满舅，曾祖彭王姑母，欧阳岳祖母，江通十舅，已死数人矣！再过数年，则意中所欲馈赠之人，正不保何若矣！家中之债，今

虽不还，后尚可还；赠人之举，今若不为，后必悔之。

（《道光二十四年三月初十日致祖父母》）

曾国藩做了十多年的京官，对于职务十分尽责，他这种勤恳廉洁的精神，很为一般人所钦佩，他说：

余自三十岁以来，即以做官发财为可耻，以宦囊积金遗子孙为可羞可恨；故私心立誓，总不靠做官发财，以遗后人。

（《道光二十九年一月二十一日致四位弟》）

现在衙门诸事，男俱已熟悉。各司官于男，皆甚佩服。上下水乳交融，同寅亦极协和。男虽终身在礼部衙门为国家办此照例之事，不苟不懈，尽就条理，亦所深愿也！

（《四月十六日致父母》）

以这种不苟不懈的精神，廉洁自矢的为政，无怪博得当时京都的盛名了。

附　录：

三十二初度次日书怀

男儿三十殊非少，今我过之讵足欢！龌龊挈瓶嗟器小，酣歌鼓缶已春阑。眼中云物知何兆，镜里心情只独看。饱食甘眠无用处，多惭名字侣鹓鸾。

顺性命之理论

尝谓性不虚悬，丽乎吾身而有宰；命非外铄，原乎太极以成名。是故皇降之衷，有物斯以有则；圣贤之学，惟危惕以惟微。盖自乾坤奠定以来，立天之道曰阴与阳，静专动直之妙，皆性命所弥纶。立地之道曰柔与刚，静翕动辟之机，悉性命所默运。是故其在人也，细缊化醇，必无以解乎造物之吹嘘。真与精相凝，而性即寓于肢体之中。含生负气，必有以得乎乾道之变化。理与气相丽，而命实宰乎赋畀之始。以身之所具言，则有视、听、言、动，即有肃、乂、哲、谋。其必以肃、乂、哲、谋为范者，性也；其所以主宰乎五事者，命也。以身之所接言，则有君、臣、父、子，即有仁、敬、孝、慈。其必以仁、敬、孝、慈为则者，性也；其所纲维乎五伦者，命也。此其中有理焉，亦期于顺焉而已矣。

请申论之：性浑沦而难名，按之曰理，则仁、义、礼曰智，德之赖乎扩充者，在吾心已有条不紊也。命于穆而不已，求之于理，则元、亨、利、贞，诚之贯乎迩复者，在吾心且时出不穷也。有条不紊，则践形无亏，可以尽己性，即可以尽人物之性。此顺乎理者之率其自然也。时出不穷，则泛应曲当，有以立吾命，即有以立万物之命。此顺乎理者之还其本然也。彼乎持矫揉之说者，譬杞柳以为桮棬，不知性命，必致戕贼仁义，是理以逆施而不顺矣。高虚无之见者，若浮萍遇于江湖，空谈性命，不复求诸形色，是理以惝恍而不顺矣。惟察之以精，私意不自蔽，私欲不自挠，惺惺常存，斯随时见其顺焉。守之以一，以不贰自惕，以不已自循，栗栗惟惧，斯终身无不顺焉。此圣人尽性立命之极，亦即中人复性知命之功也夫！

求阙斋记

国藩读《易》，至《临》而喟然叹曰：刚侵而长矣。至于八月有凶，消亦不久也，可畏也哉。天地之气，阳至矣，则退而生阴；阴至矣，则进而生阳。一损一益者，自然之理也。

物生而有耆欲，好盈而忘阙。是故体安车驾，则金舆鎯衡不足于乘；目辨五色，则黼黻文章不足于服。由是八音繁会不足于耳，庶羞珍膳不足于味。穷巷瓮牖之夫，骤膺金紫，物以移其体，习以荡其志，向所搤捥而不得者，渐乃厌鄙而不屑御。旁观者以为固然，不足訾议。故曰："位不期骄，禄不期侈。彼为象箸，必为玉杯。"积渐之势然也。而好奇之士，巧取曲营，不逐众之所争，独汲汲于所谓名者。道不同不相为谋，或贵富以饱其欲，或声誉以厌其情，其于志盈一也。夫名者，先王所以驱一世于轨物也。中人以下，蹈道不实，于是爵禄以显驭之，名以阴驱之，使之践其迹，不必明其意。若君子人者，深知乎道德之意，方惧名之既加，则得于内者日浮，将耻之矣。而浅者讲然骛之，不亦悲乎！

国藩不肖，备员东宫之末，世之所谓清秩。家承馀荫，自王父母以下，并康强安顺。孟子称"父母俱存，兄弟无故"，抑又过之。洪范曰："凡厥庶民，有猷有为有守，不协于极，不罹于咎，女则锡之福。"若国藩者，无为无猷，而多罹于咎，而或锡之福，所谓不称其服者欤？于是名其所居曰"求阙斋"。凡外至之荣，耳目百体之耆，皆使留其缺陷。礼主减而乐主盈。乐不可极，以礼节之，庶以制吾性焉，防吾淫焉。若夫令问广誉，尤造物所靳予者，实至而归之。所取已贪矣，况以无实者攘之乎？行非圣人而有完名者，殆不能无所矜饰于其间也。吾亦将守吾阙者焉。

第六节　留心时务

北京在当时是中国的政治中心，一切所观到的，所听到的，都比旁省尤其是湖南湘乡要多得多了。曾国藩自来对世界上一切事情都很关心，即使是极小的事情，在旁人认为不足注意的，或无关轻重的，曾国藩也决不轻易放过。至于国家大计，经济得失，当然更值得曾氏去注意了。

当曾国藩供职京都的时候，正是中国内乱外患交迫之时。曾国藩所关心的，在外患有“英夷”；在内乱前有粤匪，后有太平天国；在灾情则有黄河决口。所以在他的家书中，常常可以看出他关心时务的记述：

> 英逆去秋在浙滋扰，冬间无甚动作。若今春不来天津，或来而我师全胜，使彼片帆不返，则社稷苍生之幸也！黄河决口，去岁动工，用银五百余万，业已告竣，腊底又复决口。湖北崇阳民变，现在调兵剿办，当易平息。
>
> （道光二十二年正月十八日致父母）

> 浙江之事，闻于正月底交战，仍尔不胜。去年所失宁波府城定海、镇海二县，城尚未收复。英夷滋扰以来，皆汉奸助之为虐。此辈食毛践土，丧尽天良，不知何日罪恶贯盈，始得聚而歼灭。湖北崇阳县逆贼钟人述为乱，攻占崇阳、通城二县。裕制军即日扑灭。黄河去年决口，早已合龙，大功告成矣！
>
> （二月二十四日致父母）

他不仅关心时务，并且对于时务有缜密的研究、具体的计划。道光三十年（1850）夏洪秀全等在广西起事，第二年声势大盛，京师震惊。曾国藩因平日对这事很是注意，因此在这时便上了一个《简练军实以裕国用》折。大意是说：“天下大患，一在国用不足，一在兵伍不精。近者广西军兴，纷纷征调该省额兵，竟无一足用者，他省可推而知。当此饷项奇绌，惟有量加裁汰，痛加训练，庶饷不虚糜，而兵归实用，谨钞录乾隆增兵、嘉庆、道光减兵三案进呈。”

他对于治水运，更有特殊的见解：

> 裴耀卿置输场于河口。河口，即汴水达于黄河之口也！南人舟运江、淮之米，自汴以达河口，吴人不习河漕，便令输米于河口之仓而去，则吴人便矣！三门，即砥柱山，在洛阳之东；地最险，不可行舟。耀卿于三门之东西，各置一仓；又凿山开车路十八里，以避三门之险。江、淮之米既输于河口之仓矣，官为别雇舟，溯河漕至三门之东。视水可通，则径以舟过三门；水险，则由车路挽过三门，输入三门以西之太原仓，然后入渭，以漕关中。自江淮至河口，自河口至三门，自三门入渭至长安，凡三次转搬，乃得达也！今天下之漕粮，概用长运。漕至袁浦，黄高于清，则百端营谋。行灌塘渡舟之下策，虞黄倒汙湖之巨患。种种弊坏，未知所底。故鄙意常欲行搬运之法，于袁浦置仓；杨庄各仓，亦修葺之；分天下之漕艘，半置河以南，半置河以北，每年各运两次。为河帅者，治河则不顾淮；治淮则不顾河；治运则不顾河淮，庶几易为力乎？
>
> （辛亥七月日记）

这不过是曾国藩关心时务的一端。从这里我们可以看出，曾国藩所关心的时务，不仅是极小的，并且是极专门的。他认为天下无一件事不是学问，而学问之道，在到处留心，摘由备查，博览书籍。所以他劝戒诸弟，应该留心实学，不可专注于功名得失。他认为天下的大事，“宜考究者，凡十四宗：曰官制，曰财用，曰盐政，曰漕务，曰钱法，曰冠礼，曰婚礼，曰丧礼，曰祭礼，曰兵制，曰兵法，曰刑律，曰地舆，曰河渠。”他对于这十四件政事，都加以注意，并且能详细去研究。并且他在工部时，

“尤究心方舆之学，左图右书，钩校不倦，于山川险要河漕水利诸大政，详求折中。”（《曾文正公年谱·道光三十年》）

在闲暇的时候，曾国藩对于军政大计，以及各种庶务，都已考究详尽，所以一旦当权，便能把平时准备下的学问，拿出来应用。后来太平天国声势大盛，曾国藩以一书生出而致用，卒能扑灭洪、杨，一般人都引以为异。我们只要知道他十多年的京官生活，是如何地准备着应付事变，如何地关心时务，如何地虚心研究，便可以知道曾国藩的成功，不是侥幸得来的了。

第七节　观察人才

曾国藩的另一个工作，便是观察人才。

当时的北京，一方面是政治中心、商业中心，一方面又是文化中心。四方的名流学者，都集中于京都。曾国藩知道凡做大事业而成功的人，以物色帮手为第一件要事。京都为人物渊薮，十多年的京官生活，使他得到不少人才和观察人才的经验。

曾国藩做京官不久，便结识了很多人才，据他家书中说：

> 现在朋友愈多，讲躬行心得者，则有镜海先生，艮峰前辈，吴竹如、窦兰泉、冯树堂；穷经知道者，则有吴子序、邵蕙西；讲诗文字而艺通于道者，则有何子贞；才气奔放，则有汤海秋；英气逼人，志大神静，则有黄子寿。又有王少鹤，名锡振，广西主事，年二十七岁；张筱浦之妹夫朱廉甫，名琦；广西乙未翰林，吴莘畬，名尚志，广东人；吴抚台之世兄，庞作人，名文寿，浙江人。此四君者，皆闻余名而先来拜；虽所造有浅深，要皆有志之士，不甘居于庸碌者也！京师为人文渊薮，不求则无

之，愈求则愈出，近来闻好友甚多，予不欲先去拜人，恐徒标榜虚声；盖求友以匡已之不逮，此大益也！标榜以盗虚名，是大损也！

（《道光二十二年十二月二十日致诸弟》）

他很关心诸位兄弟的交友，他说：

乡间无朋友，实是第一恨事。不惟无益，且大有损。习俗染人，所谓与鲍鱼处，亦与之俱化也！尝与九弟道及，谓衡阳不可以读书，涟滨不可以读书，为损友太多故也！

（《道光二十三年正月十七日致诸弟》）

所以他不惜很远地写信给阿弟，指示他们交友的道理：

香海为人最好，吾虽未与久居，而相知颇深，尔以兄事之可也；丁秩臣、王衡臣两君，吾皆未见，大约可为尔之师。或师之，或友之，在弟自为审择。若果威仪可则，淳实宏通，师之可也。若仅博雅能文，友之可也。

（《六月初六日致六弟》）

何璟说曾国藩“昔官京师，即已留心人物”，但他观察人，并不以貌取人，譬如罗泽南“貌素不扬，目又短视”，骆秉章“如乡里老儒，粥粥无能”，但他都能倾心相好，许为奇才。

他观察人才，能从极小的地方去注意。例如罗泽南少年时抑郁潦倒，但曾国藩因为他“十年之中，连遭期功之戚十有一。尝以试罢，徒走夜归，家人以岁饥不能具食，妻子以连哭三子丧明”，但他仍能“益自刻厉，穷年汲汲，与其徒讲论濂、洛、关、闽之绪”，所以他竟折节推重，倚如右手。又如江忠源的为人，因为他能扶邹柳溪、邓铁松两友的柩，行数千里，曾国藩许为侠士。又见他做秀水县知县，署内一贫如洗，“办赈务，办保甲，无一不合于古”，所以在文宗登极的时候，曾国藩极力保荐他。又如塔齐布，因为他起身很早，穿草鞋，朝朝认真练兵，便为曾国藩所赏识。后来一力保举他，并且说：“塔齐布将来如打仗不力，臣甘同罪。”其知人有如此者。（《行政效率第七号·曾国藩的用人方法》）

世传曾国藩精于麻衣相法，这话是靠不住的，但因为他能观人于微，并且积久而有经验，所以他能有超越的知人之明了。他对于观人的方法，“以有操守无官气，多条理而少大言为主。”他最瞧不起的是大言不惭的人。

曾国藩能这样“冷眼识英雄”，所以在他夹袋中储藏了不少人物，等到一旦需用，他便毫不慌忙，把他平日登记下来的人才，才称其职的分配各种事务，而能一一胜任愉快。后来和太平天国开仗，曾国藩幕府中人才之盛，一时无二，卒能靠着他们的力量，把新兴势力的太平天国消灭掉，这不能不说是种因于当时做京官时观察人才的好处。

附　录：

召　诲

贤与不肖之等奚判乎？视乎改过之勇怯以为差而已矣。日月有食，星有离次。其在于人，言有尤，行有悔，虽圣者不免。改过什于人者，贤亦什于人；改过伯于人者，贤亦伯于人。尤贤者，尤光明焉，尤不肖者，怙终焉而已。

人之生，气质不甚相远也，习而之善，既君子矣。其有过，则其友直谏以匡之。又有友焉，巽言以挽之。退有挞，进有旌，其相率而上达也，奚御焉？习而之不善，既小人矣。其有过，则多方文之。为之友者，疏之则心非而面谀，戚之则依阿苟同，惮于以正伤恩。其相率而下达也，奚御焉？兹贤者所以愈贤，而不肖者愈不肖也。

吾之友有某君者，毖余曰：“子与某相好不终，是子之失德。子盍慎诸?”又有某君毖余曰：“闻子之试于有司，则尝以私干人，是大不可。”二子者之言，卒闻之，若不逊于吾志。徐而绎之，彼无求而进逆耳之言，诚敬我也。既又自省：吾之过，其大者视此或倍蓰，而其多或不可枚数。二子者，盖举一隅也，人苦不自知耳。先王之道不明，士大夫相与为一切苟且之行，往往陷于大戾，而僚友无出片言相质确者。而其人自视恬然，可幸无过。且以仲尼之贤，犹待学《易》以寡过，而今日无过，欺人乎？自欺乎？自知有过而因护一时之失，辗转盖藏，至滔天之奸而不悔，斯则小人之不可近者已！为人友而隐忍和同，长人之恶，是又谐臣媚子之亚也。《书》曰：“有言逆于女心，必求诸道；有言逊于女志，必求诸非道。”余故笔之于册以备观省，且示吾友能为逆心之言者。

第八节　鲠直敢言

曾国藩从道光二十年（1840）进京，授职检讨起，道光二十一年充国史馆编修官，二十三年补授翰林院侍讲，二十四年转补翰林院侍读，二十五年充文渊阁直阁事，到这时名位已经慢慢显耀了，二十七年升内阁学士，二十九年升礼部侍郎兼兵部侍郎，这样接续着升官，在旁人一定得意忘形，可是曾国藩却官位愈高，警惕愈甚。他拿着国家的俸禄，不愿尸位素餐，要为国家做点事。

当时清政府昏庸无能，一般做臣僚的，乐得开着眼闭着嘴，吃粮不管事，所谓满朝群僚，少有拿出逆耳之言进于朝廷者。因为说话可以招祸，大家不说直话，也是明哲保身之道。曾国藩眼看着内忧外患，国事将不可收拾，想提倡率直的风气，一扫为政者畏葸退缩的弊病，所以便在咸丰元年，上了一个《敬陈圣德三端，预防流弊》的折子，里面都是切直的话头，奏折上后，引起满朝官僚的极大注意，大家代他危险。但那时的咸丰皇帝还算比较开明，并且登极伊始，正想笼络时望，所以曾国藩总算没有遭遇什么不测之祸，而他鲠直的声名，却因此为大家所知道了。

关于他这次上奏折的用意，他在家书中写得很明白：

> 余之意，盖以受恩深重，官至二品，不为不尊，堂上则诰封三代，儿子则荫任六品，不为不荣，若于此时，再不尽忠直谏，更待何时乃可建言？而皇上圣德之美，出于天亶自然。廷臣工，遂不敢以片言逆耳；将来恐一念骄矜，遂致恶直而好谀，则此日臣工不得辞其咎。是以趁此元年新政，即将此骄矜之机关说破，使圣心日就兢业，而绝自是之萌，此余区区这本意也。
>
> 现在人才不振，皆谨小而忽于大，人人皆习脂韦唯阿之风。欲以此稍挽风气，冀在廷皆趋于骨鲠，而遇事不能退缩，此余区区之余意也。
>
> （《咸丰元年五月十四日致四位弟》）

曾国藩在做京官时，便想以一二人的身体力行，改变朝野的风气，所以他能不惧危险，勇敢进言。这种拙诚的事情，最初看不出有什么力量，但日子一久，这种感应的力量很大，自然会成为一时风气的。曾国藩晚年时代，朝野都充满着一种朴实的空气，一时政界的生活姿态，都以曾国藩为依归。

附　录：

送郭筠仙南归序

凡物之骤为之而遽成焉者，其器小也；物之一览而易尽者，其中无有也。郭君筠仙与余友九年矣，即之也温，挹之常不尽。道光甲辰、乙巳两试于礼部，留京师，主于余。促膝而语者四百余日，乃得尽窥其藏。甚哉！人不易知也。将别，于是为道其深，土付于回路赠言之义，而以吾之忠效焉。

盖天生之材，或相千万，要于成器以适世用而已。材之小者，视尤小者则优矣。苟尤小者，琢之成器。而小者不利于用，则君子取其尤小者焉。材之大者，视尤大者则绌矣。苟尤大者不利于用，而大者琢之成器，则君子取其大者焉。天赋大始，人作成物。传曰："人不天不因，天不人不成。"不极扩充追琢之能，虽有周公之材，终弃而已矣。

余所友天下贤士，或以德称，或以艺显，类有以自成者。而若筠仙躬绝异之姿，退然深贬，语其德若无可名；学古人之文章，入焉既深，而其外犹若钮铻而不安其无所成者与？匠石斫方寸之木，斤之削之，不移瞬而成成物矣。及乎裁径尺之材以为榱桷，不阅日而成矣。及至伐连抱之梗坍，为天子营总章太室之梁栋，经旬累月而不得成焉。其器俞大，就之俞艰。浅者欲以一概律之，难矣。且所号为贤者，谓其绝拘挛之见，目广观于广大之区，而不以尺寸绳人者也。若夫逢世之技，智足以与时物相发，力足以与机势相会，此则众人之所共睹者矣。君子则不然，赴势甚钝，取道甚迂，德不苟成，业不苟名，艰勤错迕，迟久而后进。铢而积，寸而累。既其纯熟，则圣人之徒；其力造焉而无扞格，则亦不失于令名。造之不力，歧出无范，虽有瑰质，终亦无用。

孟子曰："五谷不熟，不如荑稗。"诚哉斯言也！筠仙勖哉！去其所谓扞格者，以蕲至于纯熟，则几矣。人亦病不为耳。若夫自揣既熟，而或不达于时轨，是则非奈之所敢知也。

忠　勤

开国之际，若汉唐之初，异才、畸士，丰功、伟烈。飙举云兴，盖全系夫天运，而人事不得与其间。至中叶以后，君子欲有所建树，以济世而康屯，则天事居其半，人事居其半。以人事与天争衡，莫大乎忠勤二字。乱世多尚巧伪，惟忠者可以革其习；末俗多趋偷惰，惟勤者可以遏其流。忠不必有过人之才智，尽吾心而已矣；勤不必有过人之精神，竭吾力而已矣。能剖心肝以奉至尊，忠至而智亦生焉；能苦筋骸以捍大患，勤至而勇亦出焉。余观近世贤哲，得力于此二字者，颇不乏人，余亦忝附诸贤之后，谬窃虚声，而于忠勤二字，自愧十不逮一。吾家子姓，倘将来有出任艰巨者，当励忠勤以补吾之阙憾。忠之积于平日者，则自不妄语始；勤之积于平日者，则自不晏起始。

第三章　督办湘勇（1852—1853）

第九节　丁忧回籍

咸丰二年（1852）六月，曾国藩被任为江西乡试正考官。他自从道光十九年（1839）冬到北京做京官，从翰林七次升到侍郎，在这十多年的长时间中，每次想请假回去省亲，都没有实现，现在他既得了江西试差，便想在考试完毕时，便道到家乡休息两个月。

曾国藩在六月二十四日离开北京，当七月二十五日路经安徽省太和县的小池驿时，听到他母亲逝世的消息。“一出家辄十四年，吾母音容，不可再见”，他心中的悲痛，这是谁也能够想象到的。他再也没有心思到江西去做主考大人了，连忙换了丧服，赶回家乡去哭他的老母。

那时太平天国的声势，已经很大。洪秀全等自从道光三十年（1850）夏天在广西金田村起事后，战败云南救兵，并且云南提督张必禄因此战死。在第二年的秋天，洪秀全打破了永安，建国号太平天国。这使清朝慌忙了手脚，于是先令固原提督向荣，后又派钦差大臣赛尚阿，率领各部军队把他们包围。但因将领不和，所以围永安四月，不能攻破。咸丰二年春，太平军冲破清军的包围，去打桂林。乌兰泰追太平军，中炮阵亡。向荣赶回桂林防守，太平军攻桂林三十多天不能下，便北破全州，从水道入湖南省，遇着江忠源带领乡勇扼守蓑衣渡，和太平军激战两昼夜。于是太平军弃去辎重，改走陆路，连破道州、桂阳、郴州等处。西王萧朝贵孤军深入，力攻长沙，中炮阵亡。洪秀全、杨秀清等在郴州得讯，便引军赶到长沙。清军在长沙兵力很厚，太平军猛攻三月不能破，于是渡湘水破益阳，过洞庭湖，直取岳州。守岳州的清军弃城而逃，城中藏有吴三桂的遗械，尽被太平军所得。于是封船五千多艘，顺流东下，十一月攻陷汉阳，十二月占领了武昌。

太平军既得了武昌，占据长江上游的险要，声势大盛，下游一带，十分震动。而各地土匪，都乘机起事。湘乡这个地方，很不安静，于是曾国藩指导同乡罗泽南、李续宾、王珍、刘蓉等团练乡勇，加以训练，以保卫地方，一时湘乡团练，很具声名。

这时曾国藩接到一个“上谕”。清政府因为曾国藩籍隶湘乡，于湖南地方人情，自必熟悉，因此命他帮同办理本省团练乡民，搜查土匪等事。他接到这个“上谕”后便拟上疏恳辞，他不肯出来负责的原因是：

> 闻讣到家，仅满四月。葬母之事，草草权厝，尚思寻地改葬。家中诸事，尚未料理。此时若遽出而办理官事，则不孝之罪滋大。且所办之事，亦难寻头绪。若其认真督办，必须遍走各县，号召绅耆，劝其捐资集事；恐为益仅十之二，而扰累者十之八。若不甚认真，不过安坐省城，使军需局多一项供应，各官多一处应酬而已。
>
> （《咸丰二年十一月十四日致欧阳牧云》）

但是一个有才干的人，社会是决不肯让他自己埋没天才的。这时湖南巡抚张亮基写信给曾国藩，报告武昌失守，人心惶恐，请他出来主持。他的好朋友郭嵩焘，也亲自到他家中，劝他出来保卫地方。曾国藩因为湖北失守，关系重大；又因长沙人心惶惶，觉得有出来保护桑梓的必要，因此便把上给清政府恳请辞职的疏毁去，在咸丰二年十二月十七日，由湘乡动身到长沙去。

第十节　创办团练的意义和方法

咸丰二年（1852）十二月二十一日，曾国藩到达长沙，和张亮基筹商的结果，认为先以稽查城内土匪奸细为要务，勤于操练还在其次。又因为长沙省城兵力单薄，行伍空虚，没有守御的能力，主张在省城立一大“团”，就各省曾经训练的乡民，招募来省，严格训练，一方面便于剿捕土匪，一方面又足以增加防守省城的兵力。

清政府当初命令曾国藩帮办团练，并没有靠他扑灭太平天国的意思，不过是要他造成乡民自卫的力量，谋一地方的安全，这在清政府给他的谕旨里可以看出。而曾国藩创办团练的初意，也不过为的是“搜剿土匪，安定地方”，当时非但没有扩充力量和太平天国对抗的意思，根本他就不愿以文人操兵事，在这种“是非之场”多恋栈。他在出山时便向清政府预先有所说明，他说：

> 臣在京供职十有四年，今岁归来，祖父母之墓已有宿草，臣母之葬，亦未尽礼，若遽弃廷闱出而莅事，万分不忍，请俟贼氛稍息，团防之事，办有头绪，即当回籍守制，以遂乌私。
>
> （《曾文正公年谱》）

所以后来曾国藩因办团练而立湘军，卒能把太平天国扑灭，这固然出于清政府的意料，也非曾国藩自己初料所及。

那时清朝的正规兵腐败非常，平时无恶不作，打仗时候，胜则相妒，败不相救。曾国藩看到江忠源所带的壮勇二千，十分可靠，便留他在长沙防守。又指导罗泽南、王珍领所招湘乡练勇三营，仿明代戚继光束伍成法，加紧操练，并亲自为他们酌定训练章程，这就成为后来湘军的中坚。

曾国藩又认为“团练”二字，当分为两层：“团，即保甲之法；清查户口，不许容留匪人，一言尽之矣。练，则养丁、请师、制旗、造械，为费较多，乡人往往疑畏不行。今练或择人而举，团则宜遍地兴办，总以清查本境土匪以绝勾引为先务，遂设一审案局。”（《曾国藩名言类钞》）

同时他又认为团练和兵勇，性质完全不同。说到平乱，只有团练而没有兵勇固不够用，但只有兵勇而没有团练，也不够用。他们是相辅而成，缺一不可。他认为团练的功用大概如下：

第一，在尚未匪化的地方，须用团练，也只有用团练，做预防的工作，将潜伏的散匪肃清，使其不致糜乱，又变成匪区。

第二，在有被匪窜扰的危险地方，可用团练做防御工作，以防御小股匪众，而不必调用军队。

第三，在有小股匪众，不及五百以上的地方，可用团练做剿办工作，以免分散他处剿匪军队的力量。

第四，在匪众既不甚多又不甚少的地方，可用团练在军队的后方或侧方做辅助工作以增加军队的声势。

第五，在有大股匪众的地方经过军队剿办奏效以后，宜用团练做善后工作，以恢复秩序，肃清残匪，免致再遭糜乱，也可免军队长期留守，不够分配。

（《胡曾左平乱要旨》）

曾国藩所主张的团练，包括“保甲”和“碉堡”在内。“保甲就是乡村的组织方法，求其便于清查户口，实则连坐，使人民自行清除内奸，与匪类造成对抗的形势。碉堡是乡村的一种防守工具，求其便于坚壁清野，避免掠夺。团练是地方人民自卫的武力组织，求其便于剿办境内武装的小股土匪。三项须同时并举，乃能完成人民的自卫能力，对境外可以相当防

守，对境内可以彻底清乡。”（《胡曾左平乱要旨》）

咸丰三年（1853）正月，曾国藩在长沙督办卫团，委黄廷瓒、曹光汉等编查保甲。为了怕引起反感，以及不愿要“排场”，所以他用的是书函劝谕，不用公牍告示。同时曾国藩以为要想把保甲办好，第一要和各地士绅合作，所谓“以各县之正人，办各县之匪徒”。他认为创设团练，以查办土匪为第一要务，而以访求各地公正绅耆，为下手工夫。所以他发信给各府州县士绅，大意说：

> 团练之难，莫难于集费，宜择地择人而行之。目前急务，惟在清查保甲，分别良莠，以锄暴为安良之法，遇有匪徒，密函以告，即行设法掩拿处办，庶几省文移之烦，可期无案不破。
>
> （《曾文正公年谱》）

曾国藩既认定查办土匪为第一要务，因此便在长沙城中鱼塘口行辕中，设立审案局，委专人承审，立刻雷厉风行的办理起来。他认定在这种乱世，各地盗多如毛，非用重刑，不足以资镇压。尤其办事之初，先得立下威严来。拿到匪徒之后，立刻严加审讯，分别会匪、散匪、盗匪及寻常痞匪名目，按情罪处办。又因各地散勇滋扰，商旅裹足不前，曾国藩因此捉了强封民船的川兵三人，枭首示众，这才使得湘江中恢复商运。

曾国藩初办团练，杀戮很多，时人有“曾剃头”之号。其实国藩以文人出掌军事，何至于好杀？也因迫于环境，手段不能不辣一点罢了。（《水窗春呓》）

第十一节　湘军之形成——创立水师

太平天国在咸丰二年十二月破了武昌，将军队稍稍整理一下，便在咸丰三年（1853）阴历元旦出发东进，顺流而下，旌旗蔽江，不到一个月工夫，连破九江、安庆、太平、芜湖直抵南京城下。这时太平军水陆号称百万，攻南京七天，城破，洪秀全便将南京定为天京。不久又占领了镇江和扬州。清军向荣在背后跟踪追赶，追到南京，城破已十天，于是便在城东扎营。同时琦善也带了各路北军攻围扬州，称为江南大营和江北大营。

曾国藩看到太平天国的声势浩大，晓得腐化的清军，远非新兴势力的太平军的对手。而自己所办的团练，规模太小，势力不足以当大敌，他说："团练保卫乡里，法当由本团醵金养之，不食于官，缓急终不可恃。不若募团丁为官勇，粮饷取诸公家，请就现调之千人，略仿戚元敬氏成法，束伍练技，以备不时之卫。"（《湘乡昭忠祠记》）又说"初到长沙之时，即奏请练勇以为剿办土匪之用"。从上面看来，可见曾国藩这时慢慢从办团练到练习新军，团练慢慢变成正式军队，形成所谓"湘军"了。

这时江忠源被任为湖北按察使，奉清政府令往江南大营，帮办军务。江忠源写信给曾国藩说："今日办贼之法，必合江、楚、皖各省造战船数百艘，调闽、广水师数千人，先肃清江面，而后三城可复。否则沿江各省后患方长。"曾国藩觉得这话很对，开始考虑到创立水师的事情。

江忠源走后，曾国藩仍旧尽心操练乡勇。那时塔齐布任长沙营都司，具有将才，但没有人知道。曾国藩一见倾心，命他兼管辰勇湘勇，勤加操练，遂成劲旅。不久他五弟国葆募湘勇一营，驻长沙南门外。曾国藩很看重塔齐布和诸殿元，专折保荐，请破格超擢，并且说塔齐布将来如打仗不力，臣甘同罪。

江忠源奉令去帮助江南大营，走到九江，适遇太平军回攻长江上游，领着战船数百，再占安庆。于是他立即赶到南昌，筹备防守，部署粗定，太平军已赶到，大举围攻。江忠源便飞檄湖南请援，曾国藩不敢怠慢，便檄令江忠淑从浏阳赴江西，朱孙诒从醴陵赴江西，夏廷樾、郭嵩焘、罗泽南带了兵勇一千四百人，从醴陵继进。合计援江兵勇共有三千六百人。这是湘勇出境作战的第一次。

那时提督鲍起豹和曾国藩意见不和，营兵和湘勇不和，并且发生械斗。因此曾国藩在咸丰三年八月，移驻衡州。衡阳廪生彭玉麟，很受曾国藩的器重，湘阴外委杨载福，应召来营，曾国藩令他们帮办国葆营务。国葆力荐彭、杨之才，应当独任一军，不应该屈为帮办。曾国藩这时正想创立水师，便叫他们两人各募水勇一营。曾国藩的治水师自此始。

太平天国攻南昌不得下，便转而谋武昌。清兵接战不利，清政府因武昌危急，令曾国藩督带兵勇船炮驶赴下游作战，以救武昌。太平军因为清兵所阻，不久便退汉阳黄州。曾国藩疏称武昌闻已解严，暂缓赴鄂。又因为太平军“以舟楫为巢穴，长江千里，任其横行，欲加攻剿，惟以战船为第一先务”。所以他便暂时不谋移动，在衡州专心办理水师。

至于湘勇营制，这时已经确定。以三百六十人为一营，每营用长夫一百四十人，合共五百人。曾国藩并把选将的标准定为四条：第一是才堪治民，第二是不畏死，第三是不急名利，第四是耐辛苦，又手定营规几十条，以统一军制。

这时太平军已退出湖北在安徽扩充势力。清政府委江忠源做安徽巡抚，又令国藩赶办船只炮位，由洞庭湖驶入长江，和江忠源水陆夹击。曾国藩因为水师训练未成，布置未定，不肯冒失从事，为清政府所不满。但他的主张是不可动摇的，他决不贪图急功，变更他的预定计划，他非但自己不肯轻易出战，并且劝告他的座师湖广总督吴文镕：

> 今日南北两省，且以坚守省城为主，必俟水师办成，乃可言剿。

吴文镕终于受不住清政府的催促，只得不顾时机，出来应战，他遗书给曾国藩说：

> 吾意坚守，待君东下，自是正办。今为人所迫，以一死报国，无复他望。君所练水陆各军，必俟稍有把握，而后可以出而应战。不可以吾故，率尔东下。东南大局，恃君一人，务以持重为意，恐此后无有继者，吾与君所处固不同也。
>
> （《曾国藩年谱》）

曾国藩在衡州创立水师的时候，因为没有成法可用，有无从着手之苦。每遇到广东员弁，以及年长舵工，能行船的人，曾国藩必虚心探问，竭力研究，日夜苦思，不遗余力。后来和广西同知褚汝航、夏銮等商议的结果，才决定仿制广东拖罟、长龙、快蟹各船式，集衡州工匠依式制造，令守备成日标为监督。又另命褚汝航到湘潭分设一厂，监造战船。战船造成后，邀长沙黄冕一观，黄冕贡献意见说："吾出入兵间十余年，所见军容整齐，无及此者。然长江千里，港汊纷歧，贼船易于藏匿。江南小战船曰舢板者，每营请添十号，以备搜剿港汊之用。"曾国藩以为很对，便立即改定营制。每营包括快蟹一艘，由营官统领；长龙十艘以为正哨；舢板十艘，以为副哨。快蟹有桨工二十八人，橹八人；长龙有桨工十六人，橹四人；舢板有桨工十人。每船另置炮手三人，枪长一人，头工二人，柁工一人，副柁二人。其余拖罟一艘，用为坐船，湘军水师的制度，到这时已完全确立了。

第四章　继续不断的奋斗(1854—1858)

第十二节　第一次交战失利

曾国藩在衡州整治水陆各军，训练成功，便决意东出。那时江忠源战死庐州，吴文镕战死黄州，武昌形势已在太平军包围之中。咸丰四年（1854）正月，曾国藩从衡州出发，集军湘潭。有新旧战舰二百四十艘，坐船二百三十艘. 水师十营，其中由衡州募的有六营，由成名标、诸殿元、杨载福、彭玉麟、邹汉章、龙献琛统领；从湘潭募来的有四营，由褚汝航、夏銮、胡嘉垣、胡作霖等统领，而以褚汝航为总统。另外有陆师十三营，由塔齐布、周凤山、储玫躬、林源恩、邹世琦、邹寿璋、杨名声、曾国葆统领，而以塔齐布为先锋。水陆军一万七千夹湘江而下，军容极盛。

曾国藩深知出师之初，非标明立场，不足以使军民拥护。又知道太平天国，最易引起民间的同情；但他们最大的弱点，在于违背中国固有的习俗，绝灭中国固有的礼教，非把他们这种弱点揭破，不足以激起一般书生和农民的义愤，使大家因信仰不同而和太平天国为敌。因此他写就了一篇《讨粤匪檄》，大意说：

> 逆贼洪秀全、杨秀清称乱以来，……妇女而不肯解脚者，则立斩其足以示众妇。……自唐虞三代以来，历世圣人，扶持名教，敦叙人伦，君臣父子，上下尊卑，秩然如冠履之不可倒置。

粤匪窃外夷之绪，崇天主之教，自其伪君伪相，下逮兵卒贱役，皆以兄弟称之。谓惟天可称父，此外凡民之父皆兄弟也，凡民之母皆姊妹也。农不能自耕以纳赋，而谓田皆天王之田；商不能自贾以取息，而谓货皆天王之货；士不能诵孔子之经，而别有所谓耶稣之说，新约之书。举中国数千年礼义人伦，诗书典则，一旦扫地荡然，此岂独我大清之变？乃开关以来名教之奇变，我孔子、孟子之所痛哭于九原。凡读书识字者，又乌可袖手安坐，不思一为之所也？……李自成至曲阜，不犯圣庙；张献忠至梓潼，亦祭文昌。粤匪焚郴州之学官，毁宣圣之木主。十哲两庑，狼藉满地。嗣是所过郡县，先毁庙宇，即忠臣义士，如关帝岳王之凛凛；亦皆污其宫室，残其身首，以至佛寺道院，城隍社坛，无庙不焚，无像不灭。……

（《曾国藩诗文集》）

二月间，太平军攻破岳州。曾国藩到了长沙，预备进援武昌，听到太平将石祥贞等已连破岳州、湘阴，进占宁乡，便派诸军分道迎敌。储玫躬等在宁乡小胜，靖港、新康的太平军也失利，而褚汝航等水师向湘阴猛进。

贵州候补道胡林翼，这时应吴文镕的调遣，带练勇六百名，从贵州到湖北去，在路中听到吴文镕已战死，太平军大至，被阻不能前进。曾国藩晓得胡林翼可用，便调他回湖南，并且向清廷奏称“林翼之才，胜臣十倍，将来可倚以办贼”。

太平军因为寡不敌众，抛弃岳州。曾国藩便进驻岳州，肃清余敌。三月间带领着水陆师北进，水师刚出洞庭湖，遇着大风，战船漂沉掉几十艘，溺毙勇夫多名，陆军前进，被太平军邀击大败，溃退岳州。太平军乘胜追击，曾国葆、邹寿璋、杨名声等营，都溃退入城。太平军便围攻岳州。曾国藩只得一面派水师登岸抵挡一阵，一面拔出城中军民，退回长沙。

太平军得了这个机会，便乘胜沿湘江而上，驻军靖港。一面又派军队出间道，袭取湘潭，据长沙上游。四月初，曾国藩亲督水师，进击靖港，适逢西南风发，水流很急，战船不能停泊，为太平军所邀击，兵勇溃散，战船被焚，或为太平军夺去。曾国藩自从创设水师，竭力经营，初失利于岳州，后来又挫败于靖港，愤急之余，两次投水自杀，都为左右救起，得以不死。幸亏塔齐布从崇阳回援湘潭，出太平军不意，连日激战，太平军因而失利。曾国藩听说陆军获胜，急派水军助战，四月初九便把湘潭攻下，这是太平军出师后的第一次大败。

曾国藩这时的处境，很是痛苦。因为他费了很多财力，却不能立见成绩。当他在岳州退败，回驻长沙时，驻营南门外高峰寺，因为湘勇屡次溃退，为一般人所不满，官绅之中，也有讥笔甚至提出弹劾的。曾国藩气愤之下，屡次要想自杀，薛福成曾叙述那时的情形如下：

> 初次出师，援岳州，援长沙，皆不利。世俗不察，交口讥议，甚者加意侵侮。当是时，势力既不行于州县，号令更难信于绅民；盖不特筹防，事事掣肘已也。
>
> （《庸盦文集》）

曾国藩回到长沙之后，重整水陆各军，在衡州、湘潭设两厂，继续造船；已溃各军，不复收集，另募新勇，严加训练。岳州和靖港的两次败创，在当时曾国藩的声誉上固然大见减损，但使曾国藩获得很多教训。第一，这次的战败，使曾国藩得到许多作战的实际经验；第二，使曾国藩知道“兵贵精而不贵多”，兵多反足为打仗之累，所以他后来便在“减兵省食”上策划。湘军的早起早食，严厉营规，也都是在这次战败后确立的。

第十三节　湘鄂间的互争雄长

湘潭既失，太平军在湖南失掉牵制的力量，便把岳州的军队撤回湖北。留在湖南的太平军，这时聚在华容，围石首未下，于是便合坚利的军队回攻岳州，重复占领。又分军击西湖，破龙阳、常德，声势大振。至于湖北方面，武昌被太平军围攻甚急，城中已数月无粮，守兵疲乏，居民几乎搬空了。清巡抚青麟出家赀犒军，亲自和士卒括糠而食。咸丰四年六月初二日，武昌城破，青麟由长沙到荆州，为清廷所诛。

于是曾国藩分三路进兵。塔齐布、褚汝航为中路，进攻岳州；胡林翼为西路，进攻常德；江忠淑、林源恩为东路，进攻崇阳、通城。太平军听到湘军大至，便集中常德澧州的军队，退保岳州。曾国藩调罗泽南、周凤山等帮助着攻打岳州，七月初一，湘军靠着连胜之势，直逼长沙城下。太平军晓得抵抗不住，连夜退出岳州，坚守城陵矶。初三日，全军反攻。湘军分五队迎战，太平军大败，失去船只七十六艘，士兵死伤一千多名。曾国藩在七月十五日到岳州，第二天和太平军战于白螺矶，湘军大败，失船三十多艘，褚汝航、夏銮等都战死，水师几乎完全覆没，只有杨载福、彭玉麟等退守要害阻住敌军。国藩收拾残余，以同知俞晟代褚汝航缺。湖南巡抚骆秉章又派人造船，供给湘军之用。这时塔齐布军战胜太平军，太平丞相曾天养战死，塔军便在闰七月初二日，在大风雨中进攻城陵矶。太平军没有防备，失掉十三个营垒，死去二千兵卒。于是湘军水师乘胜开进长江，毁去两岸太平军的营垒九个，炮台三个，进驻螺山。清荆州将军官文又复派兵助战，于是连破蒲圻、嘉鱼。清总督杨霈经营北路，也在八月初夺得蕲水、广济、罗田。国藩趁这个机会，督水陆军分道进攻，激战两天，武汉城外太平军的营垒，以及江面的船只，完全破平。这月二十三日，湘军克复武昌，荆州军克复汉阳，不久黄州也被克复了。

曾国藩既得武汉，便分道逼下游。太平军在田家镇分六千人为两军：一军屯大冶，抵御武昌县的敌人；一军屯兴国，抵御金牛镇的敌人。布置粗定，而清军水陆并进，像暴风雨般的来到。太平军能敌。塔齐布在九月间占大冶，罗泽南克兴国，十月间杨载福、彭玉麟占田家镇蕲州，十一月间塔、罗等进占黄梅，于是湖北境内，几乎没有太平军用武的地方了。

清政府喜武汉的复得，命令曾国藩署理湖北巡抚，叫他领军从九江安庆进南京。国藩因为母丧尚未除服，遽就官职，得罪“名教”，因此不敢接受，请辞巡抚。清政府给曾国藩兵部侍郎衔，使得专心治军，另以陶恩培代其任。清政府又因为既予曾国藩以东征重任，事权不可不专，因此下令自桂明以下文武各员，均归节制。倘有不遵调遣，或“迁延畏葸，贻误事机”的，都着会国藩专衔参奏。曾国藩的权力，到这时大盛。——这时曾国藩年四十四岁。

这时胡林翼已从贵东道升任四川按察使，便调任湖北，协办军务。十一月，曾国藩进兵江西，水师直达湖口，国藩进驻九江城外，塔齐布驻兵九江南门。曾国藩又调胡林翼、王国才等，来九江助战。这时蕲州以下，西自九江，东至饶州，都在太平军势力范围内，而德化、小池口、湖口各要隘，因为是入皖门户，更多重兵。翼王石达开往安庆，又遥为声援。所以清兵虽分路袭击，互有胜负，而九江湖口，一时终于不能攻下。

十二月十二日，水师舢板驶进鄱阳湖，击攻太平军。追到大姑塘，太平军筑垒断其后路，舢板船便不得出来。在外江的都是些快蟹、长龙等大船，周转不灵，太平军乘机用小船夜袭，败退九江大营。二十五日，太平军二次用小艇夜袭湘军水师，放火烧去战船十多只。曾国藩的座船也被太平军获得，文卷册牍，都为失去。曾国藩连忙换上小船，逃到罗泽南陆营中。他因为遭了这次失败，几乎被敌军活捉，十分愤急，便想“以身殉国”，草遗疏一千多字，便想单人匹马赴敌以死。罗泽南、刘蓉以及幕友等力劝乃止。

太平军因为清军围攻九江很急，便想再占上游，以分敌军军力，于是便分军去打湖北。这时杨霈正集军两万驻广济，因为是旧历年底，军中喝酒度年，不意太平军突然到来，放火烧营，杨霈仓皇中突围退败蕲水。咸丰五年（1855）正月，太平军集中蕲州，进攻汉口。杨霈不敢回武昌，引兵守德安。于是太平军便连破汉口汉阳，分兵四出，湖北又复大震。国藩攻九江不能下，听到上游告急便分全军为四：以陆军七千由胡林翼统领，进兵武昌，以水军一百三十艘由俞晟、彭玉麟、李孟群等统带，沿江而上；上留塔齐布以五千人围九江，派罗泽南以三千人分攻广饶。他自己抽身到南昌，和巡抚陈启遇筹划添造船炮，别设水师三营。

杨霈既躲在德安，因此守武昌的只有陶恩培兵两千。这时太平军已占汉阳，怕江西援军袭其后路，不敢猛进，只在沿江设垒，暂取守势。不久，曾国藩派出的水陆军来到，分屯武昌上下游。相持一个多月，太平军终于不能自汉阳直接渡江围武昌，太平将韦志俊不能耐，便出奇兵从兴国通山北进青山袭击清军，结果在二月十七日复破武昌，清将陶恩培战死。这时胡林翼已调湖北布政使，和李孟群等驻兵城外，听到武昌不保的消息，连忙救援，已经不及，便连夜渡江，收集溃兵，回屯金口，等待再举。清廷命胡林翼署理湖北巡抚，更令国藩分军赴援。

武昌居长江上游，形势最是紧要。到这时为止，太平军已是第三次占领了，而太平将韦志俊每次都参加战役，军中于是有“韦国宗三打湖北”的话。到这时，太平军的势力依然屹立湖北，保障安徽、江西。曾国藩的军事，更难见效了。

第十四节　坐困南昌

太平军既于咸丰五年二月十七日第三次克复武昌，清廷便敦促曾国藩分兵回援，国藩因为用兵日久，饷源支绌，认为“千里驰突，不如坚扼中段”，决定九江围师坚持勿动。又屡次写信给胡林翼说：“论东南大势，以武昌据金陵上游，为必争之地。宜厚集兵力，为恢复之计。”胡林翼认为这话很对。是年四月，国藩从南昌到南康训练水军，专备内湖之用。这时江西巡抚陈启迈和曾国藩意见不合，互相龃龉，凡是粮食军火一切军需，陈启迈时常留难驳斥。国藩积愤已久，向清政府奏参陈启迈。弹劾生效，清廷命文俊代为巡抚，赣省政局正当多事的时候，而塔齐布又因急攻九江，死在军中。国藩从南康赶到九江，命周凤山指挥这一军。而水军攻湖口又败，他又从九江赶到青山，安抚余军。六月二十五日回驻南昌。

这时曾国藩在江西没有进占的希望，只有牵掣的力量。他说：

> 余办内湖水师，即以鄱阳湖为巢穴；间或出江剿贼，亦不过以三分之一与贼鏖战。剿上游，则在九江、武穴、田家镇等处游弋（不出湖口二百里之内。）利则久战，不利则退回鄱阳巢穴之内。剿下游，则在彭泽、望江、安庆等处游弋，亦不出湖口二百里之内。利则久战。不利亦退回鄱阳巢穴之内。如此办理，则上游武汉之贼与下游金陵之贼，中间江路，被我兵梗阻一段，其势不能常通，亦足以制贼之命。
>
> （《咸丰五年三月二十日致四位弟》）

但是这样株守江西，终非久计。罗泽南上书给国藩，痛说此中利害，泽南说：“东南大势，尤在武昌，得武昌，乃可控制江皖，江西亦有所屏蔽。株守九江，如坐瓮中。日与贼搏战，无益大局。请率所部由义宁出崇阳，进援武昌，引军东下，以取建瓴之势。而后内湖水师，与外江声息可通，进攻九江，始有把握。”

曾国藩觉得这话很对，因此泽南从义宁单骑到南康，面商进兵方法。刘蓉因对曾国藩说，湘军的重要战将，有塔齐布和罗泽南。现在塔齐布已死，所靠者惟一泽南。现在又让他远走，倘有缓急，依靠谁人？国藩认为欲求打开局势应该这样办。因为同困在江西，终究无益，倘若罗军能攻下武昌，那么局势就有利了。因此不听刘蓉的话，放泽南西上。

罗泽南从义宁向西进攻，连占通城、崇阳。这时湖广总督，已由官文代杨霈。胡林翼在武昌附近听到援兵将来，便渡江南行，谋取得联络，而石达开却从义宁带了精兵数万截来，使清兵被隔不得通。泽南奋勇力战，结果和胡林翼合军羊楼，在十月内进占蒲圻，十一月破咸宁。到这时武昌以南，几乎都入清军之手。而石达开便在这时回军义宁，江西的战争遂趋激烈。

自从罗泽南西征，刘蓉、李续宾一同走后，劲兵良将一时俱去，曾国藩在江西势力更加孤弱。石达开回义宁，连下新昌、瑞州、临江。而广东方面的太平军，也从湖南入江西，破安福、分宜、万载，和石军合攻袁州。南昌戒严。曾国藩迫不得已，在十一月十五日令周凤山解去九江的包围，全军回南昌。三十日袁州失守，南昌危急。其时彭玉麟请假在衡州，听到江西紧急，从小路徒步走七百里，赶到南康。国藩便叫他领水军援临江。这时一般人因为江西危急，都主张调罗泽南军回援。清政府因上游事重，不加允许，只命令湖南巡抚骆秉章募兵助国藩。等到湖南援军到江西，太平军早已攻下萍乡、吉安。周凤山援樟树不利，败退南昌。太平军更占抚州，旁及余干、万年。

从咸丰五年十月到六年（1856）二月，江西七府一州五十多县，都被太平军占领，清军所守的，只有南昌、广信、饶州、赣州、南安五郡。国藩坐困南昌，被敌军四面包围，一筹莫展。各军消息不通，只得募死士用“腊丸隐语”，暗通信息，这种秘密通讯往往为太平军所截，不能到达。

罗泽南、胡林翼在湖北方面，合兵进攻武昌，分屯在城东洪山和城南五里墩。同时官文也连下德安、汉川，进攻汉阳。太平军战不利，便坚壁不出，老敌军以待援。这时候江西警报突至，泽南想念国藩艰危，急于想攻下武昌，抽空回救江西。咸丰六年从正月到二月，大小一百数十战，直到武昌城下。军士因为仰攻的缘故，死伤很多。刚巧遇到三月初二日大雾，太平军开三门兵力在一万以上，和清军决死战，罗泽南分军三面应战，形势不利，但因所带领的都是乡里子弟，素负气谊，不肯轻易独退；所以当左额中弹，流血沾衣，犹踞坐指挥，得以全军回洪山。但因为受创很深，终于在三月初八，卒于军中，一军为之哀泣。泽南死后，胡林翼派他部下的李续宾代领全军，林翼并分军四千，命他们往援江西。

曾国藩这时坐困南昌，外江内湖，一时隔绝。既而听到西路已有湖南所派的五千人进援，便令李元度等进攻抚州，刘子浔等指挥水军进攻临江，彭玉麟回军会合黄虎臣，进攻南康，以挡南昌东南北三面的敌军。数月之间，各军都有小胜。四月间，湖南援军到袁州。六月间，曾国藩的三弟国华带领了湖北所派援军四千人，进兵瑞州。曾国藩坐困南昌的局势，到这时才有松动的消息。

这时建昌、吉安有一种会党，假太平名号，乘机起事，劫掠附近州县。广东太平军出而响应，入江西境，分逼赣州、南安间属邑。国藩困守南昌不能出救，军报常数月不通，国藩四弟国荃这时正在长沙募勇。长沙黄冕新任吉安知府，因为吉安州县都被太平军占领，他晓得国荃有才略，便来和国荃商议进攻的方法。国荃说："方吾兄战利，事无所须于我，我亦从未至营相视。今坐困一隅，我义当往赴。然苦无资力募勇，君若能治饷，我当自立一军，以赴国家之急。"黄冕代他向巡抚骆秉章设法，募得兵勇三千，以周凤山为副将。因为最初攻打吉安，所以这一军便称做"吉字营"。十一月，国荃攻破安福，进击吉安，而萧启江等所带领的湖南援军，也在十一月打下袁州。曾国藩在江西的地位，才慢慢变好。

至于湖北方面，太平军在武昌被围已经多时，从咸丰六年三月到九月，清兵伤亡固然不少，而守城的兵也十分疲乏。翼王石达开从江西分来的援军，也都为清军所击退，林翼觉得机不可失，更募陆军五千，水军十营，加重围城的兵力。官文也分兵击退襄阳、随州的太平军，专心攻打汉阳。武汉太平军因粮尽援绝，晓得守不住，便在十一月二十二日开城东走。于是武汉两要地，同时给清兵克复。武汉既得，李续宾等便乘胜东追。不过十天工夫，连得武昌县、黄州、兴国、蕲州、蕲水、广济，这才能回援江西。

第十五节　父丧回籍与奉诏援浙

咸丰七年（1857）二月初四日，曾国藩的父亲竹亭在湘乡里第逝世。十一日讣至营，国藩和弟国华从瑞州奔丧，国荃从吉安奔丧。在离营以前，向清政府驰折奏报丁忧开缺。大略说：

> 服官以来，二十余年，未得一日侍养亲闱。前此母丧未周，墨绖襄事；今兹父丧未视含殓。而军营数载，又功寡而过多，在国为一毫无补之人，在家有百身莫赎之罪，瑞州去臣家不过十日程途，即日奔丧回籍。查臣经手事件，以水师为一大端。提督杨载福，道员彭玉麟，外江内湖，所统战船五百余号，炮位至二千余尊之多，此非臣一人所能为。合数省之物力，各督抚之经营，杨载福等数年之战功，乃克成此一支水军。请旨特派杨载福统外江内湖水师事务，彭玉麟协理水师事务，该二人必能了肃清江面之局。并请饬湖北抚臣每月筹银五万，解交水营，以免饥溃。……
>
> （《曾国藩奏稿》）

奏折上后，清政府准假三月，命杨载福、彭玉麟统领水军。这次曾国藩军中闻讣，奏报后立即奔丧回籍，“朝议”很不以为然。左宗棠在骆秉

章幕中，肆口诋毁，一时大家哗然和之。（《水窗春呓》）

七年四月国藩因假期将满，恳请终制，清廷不准。五月初三日，葬父亲竹亭于湘乡。六月，国藩疏请开去兵部侍郎署缺，又沥陈历年办事艰难竭绌情形，清政府覆旨，“准其先开兵部侍郎之缺，暂行在籍守制，江西如有缓急，即行前赴军营。”而吉安方面自从曾国荃走后，各将不能合作。七月中，江西巡抚耆龄奏请起复曾国荃，再统吉字军。曾国藩怀念江西军事，勉励国荃速行，并且劝告他要和辑营务，联络官绅，又指示他作战机宜。国荃行后，国藩每隔一两天，便写信给他，告诉他如何进行战事。

这时候江西省各府，慢慢都为清军收复，只有九江被围一年多仍不能攻下。咸丰八年（1858）三月，曾国华复到九江，赞助李续宾。李续宾加重兵力，日夜掘地道炸九江，终于在四月初七日，攻破九江。太平军死一万七千多人，没有一个投降的，太平名将林启荣战死。于是续宾声名大振，清政府给予巡抚衔，叫他进规安庆，刘坤一等转战各地，也都有收获。太平军在江西占有的城市已十失八九，便分道攻入浙江、福建。五月间，清廷下诏起用曾国藩援浙，国藩便在七月间由武昌九江重到南昌。

李续宾既下九江，便领军向安徽挺进，猛扑太平军的军需策源地三河。太平军英王陈玉成、侍王李世贤联合捻军从庐州来援，抄清军后路，将李续宾军四面包围。这时外援已绝，续宾晓得大事已去，便乘夜跃马入敌阵战死。曾国华和其他兵将跟着死的有六千人，湘军的精锐完全覆没。

当曾国藩接到援浙的诏书后，在六月初七从湘乡起程，命萧启江、张连兰两军，在广信、铅山两县间的河口镇集中。七月间，国藩从南昌出发赴浙，路上续奉清谕，因为衢州已经解严，敌兵入闽境，叫他从铅山直往崇安。八月间，太平军从福建回江西，国藩败退建昌。九月，清军刘长佑来攻破新城，太平军仍旧退回闽境。国藩正预备分路追击，而续宾、国华安徽的噩耗已到，清廷下诏起用胡林翼署湖北巡抚（前因丁忧请假），官文、骆秉章疏请调国藩移兵援皖。

这时候福建的太平军又从汀州入江西赣州、南安境，而守景德镇的太平军气势又盛。清廷谕询国藩说：“如果闽省兵勇足资剿办，而江西边地防剿有人，自以赴援皖省尤为紧要”，要他斟酌具奏。十二月曾国藩奏称：“论大局之轻重，则宜并力江北以图清中原；论目前之缓急，则宜先攻景德镇，保全湖口。”得旨允行。曾国藩先退江西太平军，而后集中力量进军皖北的计划，乃得实行。

胡林翼在十一月到湖北就巡抚职进驻黄州。那时宿松的太平军为多隆阿、鲍超所破，没有办法西进，清军得以从容布置，隐然以上游自重了。咸丰九年（1859）正月，国藩奏说：“数省军务，安徽吃重，江西次之，福建又次之。计惟大江两岸各置重兵，水陆三路，鼓行东下。北岸须添足马步军三万人，都兴阿、李续宜、鲍超等任之；南岸须添足马步军二万人，臣率张运兰等任之；中流水师万余人，杨载福、彭玉麟任之。至江西军务南北两路，臣当与江西巡抚分任之。”清军东下的计划，至此大定。

咸丰九年二月，翼王石达开在江西方另谋发展，退往湖南。国藩从建昌移驻抚州，令萧启江还救湖南。三月，太平军在景德挫败。不久曾国荃来到抚州，国藩叫他助攻景德，移营进逼，六月间便攻下景德镇。太平军退屯安徽建德祁门。而江西便全在清军手中了。

曾国藩自从咸丰三年带兵以来，在外整整四年，环境恶劣，坚忍奋斗，屡遭危急，几次要想自杀。直到咸丰七年二月丁忧回籍，才得稍有休养的机会，在家休养了一年零四个月。因连年军事劳顿，心血亏疲，所以服药调补，但他仍不忘军事。国荃在前线的行动，大半受他的指挥。在休养的期间，他得到机会和家乡耆老畅谈，并且对于礼制的书籍，加以研究。

他在家乡的时候，因为几年来办理军务在在棘手，很有不再出来的意思。他说，“余前在江西所以郁郁不得志者：第一，不能干预民事。有剥民之权，无泽民之位，满腹诚心，无处施展。第二，不能接见官员。凡省中文武官僚，晋接有稽，语言有察。第三，不能联络绅士。凡绅士与我营款惬，则或因而获咎。”又说：“余在外数年，吃亏受气，实亦不少。他无所惭，独惭对江西绅士。”他既对江西绅士抱愧，又奉清廷诏起，所以他也不多勾留，便束装东下了。他那时不援安徽，不留福建，而仍旧来到江西，也是他做事情不肯有始无终的一端。

第五章　对于太平天国（1859—1864）

第十六节　先立定脚跟

景德镇既复，曾国荃在咸丰九年（1859）七月领军从抚州到南昌。五弟贞干（原名国葆），在黄州从军，胡林翼看他才有可用，便留他在湖北赞助军事。曾国藩自己也从南昌起程，进驻湖北宜昌等郡，一面足以稳占上游，镇守湖北；一面防备太平军入川，相机追击。

八月中，曾国藩领军过黄州，因为川省松动，下游吃紧，所以决计暂留湖北，预备进援安徽。二十三日到武昌，和官文会商军事。九月回黄州，和胡林翼筹商进兵皖省的计划。这时胡林翼已委国藩弟贞干赶回湘募勇，不久四弟国荃，带领了吉字营到巴河，五弟贞干带了所招的湘勇到黄州，到巴河见国藩。

湖北方面军力既集，国藩便决定四路进兵之策。第一路，从宿松、石牌进攻安庆，由国藩自己担任。第二路，从太湖、潜山进攻桐城，由多隆阿、鲍超担任。第三路，从英山、霍山进攻舒城，由胡林翼担任。第四路，从商城、固始进攻庐州，调回李续宜担任。后来因为目疾未痊，兼患头晕，请假一月，在营调理。十一月曾国藩从黄梅移驻宿松县，十二月间，胡林翼进兵英山。

咸丰十年（1860）闰三月，曾国荃从湘乡来营，领军进攻安庆，驻扎集贤关，为克复安庆的根据地。而下流局势紧张，江南大营溃败，忠王李秀成引兵追击，和春、张国梁先后在丹阳、常州战死，两江总督何桂清退走常熟。四月苏、常失守，江浙境内，纷纷告警，清廷任曾国藩为兵部尚书，署理两江总督。这时曾国藩年五十岁。

清政府因为江南军情紧急，令曾国藩兼程前进，保卫苏、常，收复失陷地方。国藩奏说：

目下安庆一军，已薄城下，关系淮南全局，即为克复金陵张本，不可遽撤。臣奉命权制两江，必须带兵过江，驻扎南岸以固吴、会之人心，而壮徽、宁之声援。臣函商官文、胡林翼酌拨万人，先带起程；仍分遣员弁回湘募勇，赶赴行营，以资分拨。至于粮糈军械，必以江西、湖南为根本，臣咨商两省抚臣，竭两省之力，办江楚三省之防。布置渐定，然后可以言剿。

又奏说：

拟于淮扬办水师一支以保盐漕，宁国、太湖各办水师以补外江所不及。

这时有人以为正在湖南本籍襄办团练的左宗棠“熟悉形势，军筹决计，所向克敌”，向清政府请求提用。清政府举以询问国藩，国藩奏保左宗棠：“刚明耐苦，晓畅兵机，请破格录用。”清政府便诏用左宗棠为四品京堂，襄办军务。同时，奏起告养回籍道员沈葆桢，办理江西广信的防务。又和胡林翼商议，调鲍超带领他的部下六千人，朱品隆等带领他们的部下三千人，渡出长江南岸，驻扎在皖南的祁门。至于围攻安庆的主力军，命他的阿弟国荃担任。

五月十五日，曾国藩从宿松进往祁门。荐保彭玉麟：“任事勇敢，励志清苦，有古烈士风，堪胜总办水师之任。”六月十一日，到达祁门，廿四日实授两江总督兼钦差大臣，督办江西军务。

国藩自咸丰三年出掌军营，到这时前后凡八年，转战湖南、湖北、江西、安徽等省，因为没有地方的专职，到处作客，随地都受牵掣，希望不能如愿。这时做了封疆大吏，权力在握，国藩日理万机，秩序不乱。那时清政府一般朝臣对他责望很深，议论纷纭。有的说他应该直捣金陵，有的说他应该进窥苏、常，有的主张他最好分兵援浙。但他不为所动，坚持自己的主张。他奏说："但求立脚之坚定，不论逆氛之增长。"所以太平天国当曾国藩专力安庆时，两年来天京没有围攻的警报。这时曾国藩的处境是："骑虎之势已成，胜负之数未卜。"但他咬定牙根，向前做去。他写给国荃和贞干的信说：

兄膺此巨任，深以为惧。若如陆、何二公之前辙，则贻我父母羞辱。即兄弟子侄，亦将为人所侮。祸福倚伏之几，竟不知何者为可喜也！默观近日之吏治人心，及各省之督抚将帅，天下似无戡定之理。吾惟以一"勤"字报吾君，以"爱民"二字报告吾亲。才识平常，断难立功，但守"勤"一字，终日劳苦，以少分宵旰之忧。行军本扰民之事，但刻刻存"爱民"之心，不使先人之积累，自我一人耗尽。此兄之所自矢者，不知两弟以为然否？愿我两弟，亦常常存此念也！沅弟"多置好官，遴选将才"二语，极为扼要，然好人实难多得，弟为留心采访，凡有一长一技者，兄断不敢轻视。

（《咸丰十年七月十二日致两弟》）

从这里可以看到一个伟人在没有成功之前，所受的痛苦实在要比普通人多好几倍。而曾国藩处处这样的存心，终于获得了最后的成功。

第十七节　祁门之急

咸丰十年（1860）六月，曾国藩到了祁门，以安庆沿江为老营，设立两江总督行署。发布营制营规，严格训练将领兵士；发《居官要语》一编，以整饬属吏。凡最下级的士兵，都可以用密函和国藩通信，以勤考察。又晓谕江南士民，严禁六事：第一，禁止官民奢移的风气，他说江苏民俗好“善”，而遭祸的缘故，由于风俗太繁华。第二，命绅民保举人才，他说“以两江之才，足平两江之乱”。第三，安插流徙，凡被难的人家，由地方官加意抚恤。第四，求闻己过，凡是他个人的错误，以及军营的过失，许据实直告。第五，旌表节义，以收人心。第六，禁止办团，以免扰民。尤其严禁军营兵勇到处骚扰。

布置稍定，而安徽南部警耗已到。太平军围攻宁国很急，官绅求救的差信，纷纷来到。但因军将未集，不能立即赴救，这时清政府因为副都御张芾驻徽督师，久无成效，召他回去。国藩便请以道员李元度任徽州防务。八月十二日，太平军攻下宁国府城，徽州戒严。后两天，李元度到徽州接防。侍王李世贤领大军从绩溪来攻，清兵溃。李元度任事十天而城破，奔往开化，而太平军便直攻祁门。国藩急忙调军到渔亭，张运兰军到黟县，以阻太平军。又调左宗棠军从南昌到东平、婺源间，堵住太平军到江西的路。

这时候中国方值内乱，又遭外祸。英法两国为《天津条约》事件，联军入攻北京。僧格林沁在张家湾大败，胜保在八里桥战伤，联军逼近北京。于是清文宗（咸丰）出京逃往热河，命恭亲王弈䜣留守，并付予全权。联军火烧圆明园，入北京城。曾国藩和胡林翼疏请带兵入卫，日夜筹商北援的计划，不久和议成功，此议作罢。

十年九月，太平军进攻休宁，鲍超、张运兰合军抵御，击败太平军。

十月，太平军进攻黟县，又为鲍、张两军所抵拒。那时太平军分三路总攻祁门：一路从祁门西面，进攻景德镇；一路从婺源东面，进攻玉山；一路正面进攻，直向国藩大营。所以清兵虽有休宁、黟县的小胜，而根本动摇，十分危急，祁门在敌军四面包围中，几乎消息不通，粮饷断绝。十一月，鲍、张两军在庐村获得大胜，国藩才能调鲍军到景德镇，和左宗棠合力防堵，以保饷道；而以张军留防黟县。

咸丰十一年（1861）正月，太平军从石埭县分两路逼祁门，江长贵等努力抵御，才能击退。刚巧左宗棠移军婺源，太平军便在二月间攻下景德镇，包围祁门。曾国藩因粮路已断，只有赶速攻下徽州，才可通浙江的饷道。因此在三月初，亲自到休宁前线，督攻徽城，而遇敌败退，仍回驻祁门。

曾国藩生平所遭的艰苦，以靖港、鄱阳湖畔和祁门三处为最甚。那时他陷敌重围，自分必死，所以他给家中的书信，叮嘱身后的事情很殷：

> 看此光景，今年殆万难支持。然吾自咸丰三年冬以来，久已以身许国，愿死疆场，不愿死牖下，本其素志。近年在军办事，尽心竭力，毫无愧怍，死却瞑目，毫无悔憾。家中兄弟子侄，当记祖父遗训，……余每次写家信，必谆谆嘱咐，盖因军事危急，故预告一切也！
>
> （《咸丰十一年二月二十四日致澄侯弟》）

> 兹因军事日危，旦夕不测，又与诸弟重言以申明之。家中无论老少男妇，总以习勤劳为第一义，谦谨为第二义。
>
> （《三月初四日休宁城中致澄沅季弟》）

但他并不心怯，他这样自书遗教寄家，不过表示有进无退、死而后已的决心而已。关于国藩被困祁门的情形，何璟曾说：“咸丰十年，国藩驻祁门，皖南北十室九空。自金陵至徽州八百里，无处无敌，无日无战。徽州初陷，休、祁大震，或劝移营他所，国藩曰：‘吾初次进兵，遇险即退，后事何可言？吾去此一步，无死所也！’敌至环攻，国藩手书遗嘱，帐悬佩刀，从容布置，不改常度。”可见当时的情势危急的一斑了。

国藩生平以拙诚自矢，但在紧急的时候，有时也不免用权变的。我们在《水窗春呓》中看到：“辛酉祁门军中，贼氛日逼，势甚急。时李肃毅（鸿章）已回江西寓所，幕府仅一程尚斋，奄奄无生气，时对予曰：‘死在一堆何如？’众委员亦将行李置舟中为逃避计。文正一日忽传令曰：‘贼势如此，有欲暂归者，支给三个月薪水，事平仍来营，吾不介意。’众闻之，感且愧，人心遂固。”

曾国藩就这样安定军心，静待时机，以便打开僵局。在这个千钧一发的时候，幸亏左宗棠出兵进攻乐平，连获六次胜仗，于是粮道才通，军势稍振，国荃也从安庆写信给国藩，说：“株守偏陬无益，宜出大江规全局。”情辞恳切，曾国藩为其言所动，移驻东流县，行军策略乃有相当的变更了。

附　录：

兵　气

田单攻狄，鲁仲连策其不能下，已而果三月不下。田单问之，仲连曰：“将军之在即墨，坐则织蒉，立则仗锸，为士卒倡。将军有死之心，士卒无生之气。闻君言，莫不挥涕奋臂而欲战，此所以破燕也。当今将军东有夜邑之奉，西有淄上之娱，黄金横带而骋乎淄渑之间，有生之乐，无死之心，所以不胜也。”余尝深信仲连此语，以为不刊之论。

> 同治三年，江宁克复后，余见湘军将士骄盈娱乐，虑其不可复用，全行遣撤归农。至四年五月，余奉命至河南、山东剿捻，湘军从者极少，专用安徽之淮勇。余见淮军将士虽有振奋之气，亦乏忧危之怀，窃用为虑，恐其不能平贼。庄子云："两军相对，哀者胜矣。"仲连所言以忧勤而胜，以娱乐而不胜，亦即孟子"生于忧患，死于安乐"之指也。其后余因疾病，疏请退休，遂解兵柄，而合肥李相国卒用淮军以削平捻匪，盖淮军之气尚锐。忧危以感士卒之情，振奋以作三军之气，二者皆可以致胜，在主帅相时而善用之已矣。余专主忧勤之说，殆知其一，而不知其二也。聊志于此，以识吾见理之偏，亦见古人格言至论，不可举一概百，言各有所当也。

第十八节　曾国荃的战功

自从咸丰九年到十年，清军围攻安庆已满两年，城中粮食已尽，仍旧死守勿舍。太平军的所以环逼祁门，便是希望后方事急，则清军或者解去安庆的包围以救祁门。曾国荃看透这一点，更加努力围攻。英王陈玉成屡次求援，都不得利。太平天国便派堵王黄文金、辅王杨辅清、顾王吴汝孝、天将龚长春，各带本部兵援皖，又派龚德树、孙奎清继续前来，总计十多万人，对国荃军作总包围。陈玉成因为不善于统驭将领，所以师久无功。韦志俊因为爱将被陈玉成所杀，因此投降了清军，并堵住练潭以绝粮道。陈玉成向国荃军进攻得很厉害。国荃将退兵，用韦志俊的计划，不却退，并且屡次攻破太平军。

陈玉成屡次失败，退兵桐城。多隆阿、李续宜又在挂车河大破玉成的军队。咸丰十一年（1861）正月，胡林翼移营太湖，合兵围攻安庆。陈玉成既不得志，便改谋西攻湖北，以牵制鄂军。于是便击败清军余际昌，连下霍山、英山，直到湖北的蕲水，打破黄州，分取德安、随州，武汉戒严。李续宜领兵回救，而太平军的别队已经四出，南面攻江西郡县，由义宁进击崇通；东面也从衢州进到处州了。

十一年二月，陈玉成留兵守德安，而自回安庆。曾国藩急调南岸鲍超一军渡江援应，多隆阿又截击桐城、怀宁的太平军。太平军不能支持，便退兵守集贤关。四月，陈玉成扎营菱湖中段，为城中援应。国荃掘长濠以困敌，把敌垒十九座，一并包于长围之内，又调炮船入卫。这时候曾国藩命张运兰、朱品隆等，分守岭内各军事险要，而自己移驻在东流县。

五月间，鲍超军渡江而北，围攻集贤关外的赤冈岭。陈玉成命刘玱林堵住七星关，自己回到金陵奏事。鲍超攻太平军很激烈，胡林翼又调成大吉军助攻，打了七天七夜，刘玱林大败被捉，精锐耗丧几尽。六月，菱湖南北诸垒共十八座，都为曾国荃攻下。到七月时，安庆城外的石垒已见毁坏，国荃更进逼城下。城中粮尽援绝，太平军犹坚守弗放。直到八月初一日，曾国荃用地雷轰塌城墙，这才克复了安庆。太平军自守将叶芸来以下死一万六千人，陈玉成全家自焚以死。太平军占领安庆，前后凡九年，一旦被国荃收复，于是金陵开始震动了。

安庆下后，曾国藩便进驻安庆。这时清咸丰皇帝死去，后来有这样一段传说：

> 尝言楚军之围安庆，文忠曾往视师，策马登龙山，瞻眄形势，喜曰："此处俯视安庆，如在釜底，贼虽强，不足平也。"既复驰至江滨，忽见二洋船鼓轮西上，迅如奔马，疾如飘风，文忠变色不语，勒马回营，中途呕血，几至坠马。文忠前已得疾，自是益笃，不数月薨于军中。
>
> （《庸庵笔记》）

可见这样胡林翼便深以“洋人”为患了。胡林翼晓得曾国藩有知人之鉴，凡一切用人，都请教国藩。凡得国藩赞许的人，他不惜千方百计以罗致。国藩听到林翼的死耗，十分悲悼地说：

> 赤心以忧国家，小心以事友生，苦心以识诸将，天下宁复有似斯人者哉？

胡林翼死后，李续宜继任湖北巡抚。九月间，曾国荃进军庐江，屡有所获，不久又回湘募勇。这时清政府晓得清兵勇无用，要想扑灭太平天国，还得重用汉人，全靠曾国藩一支军队，所以在十一年十月，清政府令曾国藩统辖江苏、安徽、江西三省，并节制浙江全省军务。曾国藩上疏力辞，并且保荐左宗棠，说他“前任湖南赞助军谋，兼顾数省，其才实可独当一面，请明谕令其督办浙江全省军务。”这时候清廷大用汉人，授左宗棠为浙江巡抚、彭玉麟为安徽巡抚。彭玉麟两次力辞，曾国藩也代他解说：“玉麟素统水师，舍舟登陆，用违其长。且江面太长，照料非易，请另简皖抚，俾得仍领水师，于南北大局，两有裨益。”于是彭玉麟便调任兵部侍郎，李续宜调安徽巡抚，严树森调湖北巡抚。

太平天国自从咸丰十年消灭江南大营后，连得苏、常，十一年十月，忠王李秀成进兵浙江，第二月便占领了杭州。连下奉贤、南汇、川沙，上海大震。这时大家议论纷纷，都主张曾国藩立即进兵下游，规复苏、浙。国藩力主持重，扼上游以固根本，不敢为轻易进兵之谋。这时曾国藩任两江总督协办大学士。同治元年（1862）二月，国藩因为“现在诸道出师，将帅联翩，权位太重，恐开斯世争权兢势之风，兼防他日外重内轻之渐”，所以对于节制四省，仍请收回成命。但这时清政府对国藩信仰已深，倚重方殷，不加允许，并且给他以保荐人才的全权，下谕说：“其余将弁中有勇往直前者，该大臣不妨先行奏请，以鼓其气。操纵驾驭全在该大臣调度得宜，不必稍移嫌疑。前谕该大臣保奏闽省督抚，及江浙等省司道，谅已斟酌有人。如有堪膺封疆之任者，该大臣仍当访察具奏。”可见国藩在这时候，所感觉为难的，不是遇事掣肘，而是恐惧名望太大，权力太重了。

第十九节　重用李鸿章的经过

李鸿章是曾国藩的学生，关于他的来到曾文正公幕府，薛福成记述如下：

……闻曾文正公督师江西，遂间道往谒焉。谓文正笃念故旧，必将用之，居逆旅几一月，未见动静。此时在文正幕府者，为陈鼐等。陈鼐与傅相（李鸿章）本系丁未同年，傅相使往探文正之意，不得要领。鼐因言于文正曰：“少荃以昔年雅故，愿侍老师，藉资历练。”文正曰：“少荃翰林也，志大才高，此间局面窄狭，恐艨艟巨舰，非潺潺浅滩所能容，何不回京供职？”鼐曰：“少荃多经磨折，大非往年意气可比，老师盍姑试之？”文正许诺。

傅相入居幕中。文正每日黎明必召幕僚会食，而江南北风气，与湖南不同，日食稍晏，傅相欲遂不往。一日，以头痛辞，顷之，差弁络绎而来；顷之，巡捕又来，曰：“必待幕僚到齐乃食。”傅相披衣踉跄而往。文正终食无言，食毕，舍箸正色谓傅相曰：“少荃！既入我幕，我有一言相告，此处所尚，惟一诚字而已。”遂无言而散。傅相为之悚然。盖文正素念傅相才气不羁，故欲折之以就范也。

既而文正进驻祁门，傅相谓祁门地形如在釜底，殆兵家之所谓绝地，不如及早移军，庶几进退裕如；文正不从，傅相复力争之。文正曰："诸君如胆怯，可各散去！"会皖南道李元度、次青率师守徽州败退，文正将具疏劾之，傅相以元度尝与文正同患难，乃率一幕人往争，且曰："果必奏劾，门生不敢拟稿。"文正曰："我自属稿。"傅相曰："若此，则门生亦将告辞，不能留侍矣。"文正曰："听君之便。"傅相乃辞往江西，间居一年。适官军克复安庆，文正移建军府焉。傅相驰书往贺，文正复书云："若在江西无事，可即前来。"傅相乃束装赴安庆，文正复延入幕，礼貌有加于前，军国要务，皆与筹商。

（《庸庵笔记》）

这是李鸿章初入曾国藩幕府的经过。

国藩看见李鸿章才气可用，又经磨练，曾经请求简放江北地方实缺，兴办淮扬水师，结果事情没有实现。咸丰十年七月，太平军大举包围上海，清军会合西洋兵击退之。上海是重要商埠，财源很盛，清吏便以重金募印度兵，用美国人华尔（Ward）任教练，后又募华人练洋枪，称为"常胜军"，防御太平军侵入。

十一年八月，曾国荃攻下安庆后，湘军沿着长江北岸，向东追击。时上海被太平军围攻，很是危险。适值湖北盐道顾文彬从武昌回上海，因此提议向曾国藩请求援兵。巡抚薛焕等赞成这个办法，于是便筹了十八万两银子，雇外国轮船驶入长江预备迎接湘军；并派钱鼎铭等带着江苏官绅的书信，到安庆谒曾国藩，涕泣乞援，呈递公函。这时国荃因屡建战功，清廷要想叫到上海赴援。国藩和他商议，国荃说："金陵为敌根本，急攻金陵，敌必以全力援护，而后苏、杭可图。"曾国藩壮其谋，便以围攻金陵的责任交给国荃，另荐李鸿章"才大心细，劲气内敛，堪膺疆寄"，叫他和总兵黄翼升统领水陆军东征。

这时候湘军有的在作战，有的在防守，没有方法分拨开来。国藩因此便叫李鸿章用湘军的营制，另外在淮、徐一带募勇，另练一支新军，预备在第二年二月间出兵。这时上海危急，官绅因主张借洋兵灭太平的办法，设会防局，奏明会同洋人防守。

同治元年（1862）二月，李鸿章在淮、徐一带募勇，领回安庆，国藩为他订立营伍之法；关于器械的分配，薪粮的数目，都是仿照着湘军的制度。又选湘军名将程学启、郭松林等，帮助李鸿章。这时太平军进攻镇江，清将冯子材战败，总兵富升中炮死，都兴阿从扬州派兵来援，也不能胜。当时李鸿章本来预备领淮军赴援镇江，刚刚上海方面雇了外商的轮船七艘，驶到安庆迎师，于是李鸿章便在三月初，动身到上海去，冲敌营而过，三月初十日到了上海。

李鸿章这次出动，选择湘淮军的精兵随行。初到上海，西人见到内地的军队衣冠朴陋，颇多讥笑。李鸿章说："兵贵能战，岂在华美！迨吾一试，笑未晚也。"于是扎营在上海城南，清廷任他署理江苏巡抚。

李鸿章初到上海的时候，国藩曾经说："苏抚当驻镇江，居形势适中之地。上海一隅，论筹饷则为上腴，论用兵则为绝地。"上海设会防局后，进攻的太平军便被英法军和常胜军所破。鸿章到上海后，李恒嵩、华尔会同西兵夺得嘉定、青浦两城，留西兵和常胜军防守。英提督何伯和鸿章商议会攻浦东诸县，于是鸿章便命程学启等进攻南汇，为北路；而英法兵从松江进攻金山卫，为南路，便把奉贤打下。这时李秀成在太仓获胜，乘胜进攻青浦、嘉定。西兵败走，太平军收复嘉定，引兵进逼，离上海仅十里。

鸿章命程学启等扼守虹桥。同年五月，程学启扎营于新桥泾，刘铭传、潘鼎新又夺得南汇川沙，浦东慢慢安定了，而松江、青浦又告急。华尔预备抛弃青浦，并力守松江。程学启营在新桥被围数十重，学启营离新桥十多里，新桥离上海三十里，太平军以为清军难猝进，预备筑垒布防。鸿章亲督各军，深夜疾行，黎明交战，太平军出不意，一面应敌，一面分兵抄上海，李鸿章自统七营往救，和太平军相遇于徐家汇，太平军溃退，于是西人都佩服鸿章的英伟，不敢再藐视，愿意听从命令了。鸿章因疏陈《助防洋兵之难恃，舍沪赴镇之非便》，此后清政府便不再要他调往镇江了。

同年六月，清军下金山卫，七月夺得青浦。太平军慕王谭绍光仍力战不稍退，又进逼沪西法华镇。八月，鸿章调各军援救，听程学启指挥。太平军因众寡不敌，部下大溃。九月，英提督想雪嘉定之耻，谒见鸿章商议进攻嘉定。鸿章派兵进攻，收复嘉定。太平军又从昆山、太仓进攻淞沪，围清将刘士奇、郑国魁营。鸿章令部下分路迎敌，得以解去包围，清廷得报，乃实授鸿章江苏巡抚。

自从淞沪屡次解围，清军便谋进攻。十一月，常熟守将骆国忠降清，并邀福山守兵同降，福山守兵不肯，被清军攻下。同时太仓守将钱寿仁，也因为阴谋内应被太平军知道了，抛城逃到上海，投降鸿章，后姓名做周寿昌。太平军又来攻常熟，清军分守嘉定、青浦，不能出救，太平军夺得福山。于是鸿章一方面命坚守常熟，命黄翼升统领了三师三营由海道往援；一方面又令陆军攻昆山太仓，以为牵掣。那时李秀成方和曾国荃相持，听到昆山、太仓被攻的消息，便命上将蔡元隆带兵五万往救。元隆诈乞降，鸿章不疑，元隆乘敌不备，突然袭击清军，鸿章仓卒拒战，大败而回。

两月以前，清军雨花台大营被围，曾国藩飞调程学启赴救，因为上海方面紧急，不能调出，预备由白齐文（Burgevin）带领了常胜军，前去助战。——常胜军本在八月间调到浙江慈溪，统将华尔中炮毙命，所以由白齐文继续统领。——十月，雨花台大营解严，叫他不要动员。而白齐文闭松江城索饷，弄到四万两银子，又到上海来找麻烦。鸿章便把这事情告诉英提督士迪佛立，解去白齐文的职位，勒令他归国，而代以奥伦。不久，又调换戈登（Cordon）为统将，裁去兵额，定为三千人。到这时候，攻太仓的清军既败退，而黄翼升统领的水军，也因飓风坏船，移椗避风，常熟给太平军包围更急。同治二年（1863）正月，鸿章便令刘铭传坐轮船前去援助，戈登带领常胜军助战。先夺福山石城，内外夹攻，太平军大败，常熟才得解围。

二年三月，程学启和洋将戈登用炸炮攻下太仓，进兵昆山。在四月中先夺正义镇，以断太平军的联络，于是便打下昆山，俘杀几万人。清军攻下昆山太仓，便计划进攻苏州。鸿章的行军计划是：

“由昆山进苏州为一路，程学启当之。由常熟进江阴无锡为一路，鸿章与刘铭传当之；黄翼升水师相辅并进；戈登常胜军驻昆山，为各路援应之师。由泖淀湖达吴江、平望、太湖为一路，李朝斌水师当之。而令刘秉璋、潘鼎新、杨鼎勋等分驻淞沪近地，以防杭、嘉、湖敌兵之内犯。”这时李秀成已经从六安归来，听说苏州紧急，便领兵到无锡，预备进援苏州。

李秀成既到无锡，连营几十里。清兵分道出击，水师助战，大破太平军。程学启在六月间击败苏州的援兵，乘胜攻下吴江。白齐文既被李鸿章革职，便投太平军效力，带领了外国溃兵二百人入苏州，出攻程学启，又为所败。李鸿章在七月出巡，沿吴淞向西而行。因太湖毗连苏浙，派程学启和李朝斌合兵攻下沿湖敌卡，乃得兵临苏州城下。八月中打下了江阴。

太平军屡攻苏州围军，而苏州围仍不得解。这时白齐文躲在上海，找到两艘轮船来献给李秀成。李秀成便坐了轮船，发炮攻清军。周寿昌带了敢死队烧掉他一艘船，太平军溃退。李秀成召诸将集中西路，希望保无锡而救苏州。清军十月夺得浒墅关，城内太平军外援渐绝。鸿章因为苏州城久攻不下，亲来督帅。李秀成从间道入城，和慕王谭绍光协力坚守。清军用大炮轰破城外石垒，水军也进逼。太平军部云官等心有贰志，秘密和清将接洽投降。李秀成见事急，留请绍光守城，自己连夜离去。从十月十三日起，清兵分门进攻，日夜不息。到二十四日，谭绍光在城上指挥战事。

其部下刺杀绍光，开门出降。程学启引兵进城，降将部云官等八人都请求程学启转向李鸿章要求总兵副将等官职，自称部下共有二十营之多，仍旧驻在阊胥盘齐四门。学启因为这八位降将还没有把头发薙去，恐怕不易制服，密向鸿章请加诛戮。城破后两天，诸降将出城参谒，为学启所杀。戈登对于学启这种杀降无抵抗者的手段，很是不满，严加责诘，经过李鸿章多言调停才息。

同治三年（1864）三月，鸿章进军督攻常州，先打下城外各垒，再用大炮攻城，墙塌下几十丈，太平军护王陈坤书坚守。这时候冯子材从镇江进攻丹阳，鲍超从句容攻下金坛，常州情势益孤。四军中清军分队攻城，炮声像雷一样，城墙又塌下，太平军用人体塞缺口，前仆后继。鸿章领军冲进城内，太平军大溃，生擒坤书，常州便打下。

于是江苏各县，除去金陵外都已为清军收复。太平军所余残部，也都从徽州转到江西去了。李鸿章带领的淮军，于是便分驻在金陵附近各要地防守，而改鲍超到江西去助战。撤去常胜军三千人，戈登归国。一时大家都称许鸿章善于统领洋将，进军的声望乃开始为中外所推重，清政府才有命鸿章会攻金陵的说法。

第二十节　克复南京　功成思退

太平天国定都南京，以安徽省的东西梁山为锁钥，芜湖为屏障。而金柱关形势险要，尤其是芜湖的护卫。咸丰十一年八月初一，曾国荃打破安庆后，杨岳斌的水师便在八月初五下池州、铜陵，曾国荃自己也带着军队沿江北岸东下，攻下无为县城和运漕镇压东关，于是一天天的东逼，太平天国天京的屏障开始动摇了。

同治元年（1862）二月，曾国荃从湘乡募勇到安庆，第二月，湘军从安庆大举东进；曾国荃连下巢县、含山、和州，一直占领了裕溪口和西梁山；曾贞干攻下繁昌直迫南陵；鲍超攻下青阳、石埭、太平直到泾县，彭玉麟带领了水师沿江而下，直到金柱关。曾国藩以安庆为军事中心，坐镇其间，指挥各军。而江、浙、皖、赣四省军事，都受他的节制，金陵乃日见危急了。

国荃占领西梁山后，便引军渡江而南，水陆各军会合进攻，在四月二十日打下太平府，第二天又攻下金柱关和东梁山，第三天竟把芜湖打下，乘势直向大胜关。一连打了几天，在五月初三便将大胜关攻破，并进占秣陵关。水陆并进，一直追到金陵城外，扎营雨花台。这时曾国荃军合水师不满两万人，孤军深入，很引起乃兄的忧虑。国藩要他等待其它军队集齐再谋进攻。国荃说："金陵敌之根本，拔其根本则枝叶不披自萎。且苏、常各兵闻攻急，必更来援，彼时遣别将间袭之，吾因利乘便，功在此矣。"于是曾国荃便实行进围南京。

洪秀全因天京被国荃围攻，诏促李秀成入援。这时李秀成正在淞沪一带，和李鸿章相挣扎，于是便退军苏州，派他的弟弟侍王李世贤带领两万人入南京。李世贤到了南京，乘夜袭击国荃营，不能得胜。后来把清营又几次包围，国荃坚守不出。那时李秀成在苏州会合重兵，想法解决金陵之围，他的意思以为："曾国荃兵力厚集，为久困都城之计，我势日蹙。利速战。彼有长江济饟，而我无战舰之利，敌垒坚，猝不易拔。不如先图宁国、太平，断其后路，敌乃可平也。"

洪秀全因久困，恐怕粮械不继，仍旧要他速援金陵。秀成不得已，从苏常一带领了十万兵进援天京。先从东坝进攻钱铁桥，截断国荃的粮道；因为屡得屡失，甚至把镇将范起超正法。国荃从大胜关凿断湖堤以通粮道，军营被秀成包围数重，太平军用西洋落地开花炮阵击，连攻十五昼夜，不稍休息，国荃坚壁不出。

秀成因攻国荃师久无功，便掘凿地道，用火药阵炸，太平军乘势涌进，国荃立马阵前，见有缺口，亲自上前堵住，双方短兵相接，作殊死战，太平军见死伤很多，便停止进攻。这次战役的激烈，为前所未有。“国荃坚守四十六日，贞干力战以通饷道，前后破敌垒数十，斩首数万，营中火药用尽，乃告贷于湖北、江西。将士狞目鬇面，皮肉几尽。国荃颊为洋枪所伤。”可见双方牺牲的重大了。

太平军既停止进攻，世贤对他阿兄说：“江北地方空虚，彼必不料我遽敢渡江，不如权合国荃，驰攻扬州、六合，括其粮至军，夹江击之；又分兵攻国藩于安庆，彼必分兵驰救，我令屯秣陵之辅王（杨辅清）、屯溧水之护王（陈坤书）乘虚击之，则必胜矣。”秀成采纳他的主张，在同治元年（1862）十二月，派将领兵五万渡江，天没亮时进扑浦口，击清兵，连下和州、含山、巢县。第二年春，李世贤带兵两万攻桥陵，秀成也渡江攻江浦，占领江浦城，于是便进攻驻扎在石涧埠的曾国藩军。不能得胜，去攻庐江，两天不下，于是便从六合进袭扬州，而清军鲍超追击，连下巢县、含山，和州、江浦相继告警，：不得已回南京，渡江时又为彭玉麟袭击，损失很大。

曾国藩因为国荃孤军蹈危地，很不放心。见太平军作困兽之斗，恐怕久围金陵，发生变故，于是便决定沿江东下视师，以定攻守大计。同时又因为五弟贞干在同治元年十一月二十三日从安庆动身，后来因事延至同治二年正月二十八日，才从安庆出发东下，二十九日到池州，二月初三到芜湖，会同彭玉麟经过东西梁山到金柱关；初五日到乌江水营，和提督杨岳斌同到金陵大胜关，初六入雨花台营，初七日同着国荃巡视营垒，见围军稳固，才取消退兵的计划。十五日从大胜关到九洑洲，十六日回舟西上，巡视龙山桥三汊河、查家湾、运漕镇、石涧埠、无为州等处，二十七日到大通，第二天回到安庆。

曾国藩回到安庆后，向清政府报告巡视经过说：“江浙田荒，平民无所得食，诚恐变为流寇，此为可惧。而敌粮渐匮，要隘多失，降将受封至九十余王之多，各争雄长，败不相救，此为可喜。”又说：“西梁山、大胜关等处，难民编苇而栖，折骸而食，死亡灰烬之余，不堪目击。”因此清廷命他斟酌情形，办理放赈。又因为曾国荃立功很多，授为浙江巡抚。

二年四月，李秀成因为下游事急，便从六安回来。李鸿章探听到这个消息，便通知曾国荃，要他从上流截击。曾国荃心想李秀成若不回来救苏州，便是北攻扬州里下河，清军最好是力攻金陵以牵制太平军力。四月二十七日，李臣典攻下城西南太平军九垒。五月初，清水师进驻江浦，陆师也沿江东下浦口，李秀成便从江浦退到九洑洲。九洑洲是金陵北渡的咽喉，太平军在上面筑起土地，布置炮位，又用战舰掩护，预备以全力防守。曾国藩先攻下南岸下关草鞋夹诸垒，又占领了燕子矶。于是南攻中关，北攻九洑洲，同时前进。中关守兵闭垒不出，而九洑洲的守兵，则以洋枪反攻，清军伤亡不少。清军乘夜用火箭射太平军的船只，风烈火猛乘势猛攻，遂下九洑洲，守兵没有一个得脱。曾国藩自从咸丰四年创办水军，到这时已有十年的历史，长江上下，都为他所占领，于是太平军渡到北岸的路断绝了。

曾国荃进攻既得手，格外增兵万人，一心想把金陵城垣作整个的包围。六月初，太平军开城冲出，突击清军，败回城中。七月间，清军先致力于城的东南隅，攻夺上方桥。南京城东的要地，近的是中和桥、双桥门、七瓮桥；稍远的有大山、方山、大方桥、高桥门；偏南的则有秣陵关和博望镇。这些都是天京的外辅。杨辅清因为违背李秀成的调度，曾国荃才得攻进这个要隘。

李秀成看得天京危急，主张冲出包围，迁都上游，洪秀全不肯允行。秀成只得领军出南京，谋取解苏州之围。秀成走后，太平军势力更孤，清兵更肆无忌惮。国荃在九月间分配军力，连下上方门高桥门诸隘，而水师也攻下水阳诸垒。曾国藩亲察当时形势说：“金陵一城，面面布置，据有重险，为敌军坚不可拔之基。自克九洑洲江东桥数隘，而西南一面，已为我有。兹又克七瓮桥秣陵关诸隘，而东南一面，又为我有。现今萧庆衍进扎孝陵卫，经营城外，渐成合围之局。”十月间，太平守将杨友清举高淳城降清，国荃又夺到淳化镇等处，占领南京东南一带之地；杨岳斌又下东坝，夺得建平、溧水，李鸿章同时也把苏州攻下了。

苏州既被攻下，天京的外援已失，曾国荃于是更募新兵，增加围城的力量。同治三年（1864）正月二十一日，国荃遮断天京粮道，攻陷天保城。天保城是钟山的主垒，关系金陵的安危，等到天保城夺得后，整个金陵便在包围中，而城中粮绝了。李秀成于是便每天放妇女小孩子们出城，以节城内粮食，而于城内种麦济饥。三月间，鲍超攻下句容、金坛，刚刚逢到太平军小队入江西，国藩令鲍超加援，因为这时曾国荃以独破金陵、最后成功自许，不愿他军分他的功绩。

金陵城周六十多里，太平军在城内筑起“月围”以供防守。二年来国荃猛力围攻，在极热的天气也不休息，迄不能下。从朝阳门到钟阜门，开地道三十三处，又为“月围”所阻，不能前进，有时为守兵觉察，便立刻被害。四月初六，李鸿章收复常州。这时金陵围师增加到五万人，饷需奇绌。而太平军的西入江西者，一天多似一天。江西全省厘金，向供金陵军，到这时江西巡抚沈葆桢便奏请截留，专充本省的兵饷。曾国藩具疏抗争，辞气很锐厉；沈葆桢也赌气辞职。清政府居中和解，分厘金的半数交给金陵、皖南两大营，余归本省，而另提轮船经费五十万两给金陵军。五月初，清政府催促李鸿章会攻金陵，而曾国荃终觉得城破可待，不愿借力于人。曾国藩屡次写信劝他说：

细思少荃会攻金陵，好处甚多；其不好处，不过分占美名。后之论者曰：“润克鄂省，迪克九江，沅克安庆，少荃克苏州，季高克杭州，金陵一城，沅与荃各克其半而已！”此亦非甚坏之名也。何必全克而后为美名哉？人又何必占天下之第一美名哉？

（《同治三年五月十六日致沅浦弟》）

但曾国藩对于他阿弟的才干，还是十分信任的。“围攻百十数里，而毫无罅隙；欠饷数百万，而毫无怨言”，所以他也未尝不愿他阿弟成此大名，以为千辛万难吃尽辛苦之报。李鸿章也深知此意，不愿分他的功，以“盛暑不宜火器”为词，迟不动身。国荃因此格外激励诸将，下了必取的决心。

这时金陵城内粮绝，大家吃草根树皮，死守不舍。洪秀全忧愤成疾，在五月二十七日逝世，年六十五岁。李秀成扶幼主即位，综理军政，寝食俱废，表容憔悴。五月三十日国荃打下龙脖子山阴坚垒，就是太平军所谓地保城。于是筑炮台其上，日夜轰击。一面又开地道十多处，被太平军破坏掉五处。有一处从南北穿河底而过，费了很多时间才达城边。太平军缒城下，凿濠截断。国荃纳药轰炸，因已凿濠宣泄，城墙毁去不多，城中立时堵住，国荃军不敢冲上去。于是便在太平军外高堆柴草，直达城下，明挖地道。秀成选死队乘夜缒城而下，守道兵退回清营。城兵夺地道后，便四出寻食物，没有把药引拔去。第二天中午，地道药发，城墙崩去二十多丈。清军严阵以待，到这时便从缺口冲进去，于是便把金陵攻下，这是同治三年六月十六日的事情。

天京既破，李秀成被清军擒住，十余万人无一投降，都“聚众自焚而不悔”。这事情很引起曾国藩的注意和惊惧，认为古今所罕见。

这时候曾国藩还在安庆，听说秀成被擒，便在六月二十三日从安庆东下，二十五日到南京，和国荃会审秀成。国荃陈列了很多的仪卫，叫李秀成进去。秀成背转身藐视地说：“何必尔，速将纸笔来，吾当书之。吾史馆实录，为尔曹焚掠尽，吾不述奚以传后？”刚刚又提到松王陈得风来到，一见秀成便长跪请安，不敢仰视。国荃看到秀成到这地步，还有这样的威严，怕有事变，要把他加上刑具放入狱中。国藩不允许这样办，只叫把他关在署中，为他设好安息的地方，给他很好的待遇。李秀成每天写着“起事本末”作为“供辞”，多天后，积成数万字。国藩因为他以文字内容抵触清朝，没收他的稿子，把他删改了奏报上去，这就是现在所传的供状。到了七月初六，请出秀成饮宴，吃完后秀成向人揖别，便退入室中自刎死。国藩奏报上去说是已把秀成正法。李秀成死时年四十。

关于收复金陵的经过，曾国藩有一个奏疏，叙述很详。他说到攻城的困难：

> 臣抵金陵，周历各营，接见诸将，均有憔悴可怜之色，盖自五月三十日攻破地保城后，连攻十五昼夜。但出行队，未支帐栅，昼则日炙，宵则露宿。又出入地洞之中，面目黧黑：虽与臣最习之将，初见几不相识。其论功最首之李臣典，冒暑受伤，一病不起。诸将弁亦伤病山积，死亡相属。臣弟曾国荃，前病业已痊愈，近因随众露处过久，又复遍发淫毒。臣带兵多年，克城数十，罕见如此次之劳苦者。

他说到幼主的下落：

> 伪幼主洪福瑱，绕室积薪，为城破自焚之计，众供皆合。连日在伪宫灰烬之中，反复搜寻，茫无实据。观其金玉二印，皆在巷战时所夺，又似业已逃出伪宫者。李秀成之供，则称曾经挟之出城，始行分散。然此次逃奔之贼，仅十六夜从地道缺口逸出数百人，当经骑兵追至湖熟，围杀净尽。自十七夜后，曾国荃迅将缺口封砌，关闭各城搜杀三日。洪福瑱以十六龄童克騃，纵未毙于烈火，亦必死于乱军，当无疑义。

又说到李秀成的情形：

力劝官兵不宜专杀两广之人，恐粤匪愈孤，逆党愈固，军事仍无了日。其言颇有可采。李逆权术要结，颇得民心。城破后，窜匿民间，乡民怜而匿之。萧孚泗生擒李逆之后，乡民竟将亲兵王三清捉而杀之，投诸水中，若代李逆发私忿者。李秀成既入囚笼，次日又擒伪松王陈德风到营，一见李逆，即长跪请安，闻此两端，虑其民心之未去，党羽之尚坚。

于是清廷诏封国藩一等侯爵，加太子太保衔。国荃一等伯爵，加太子少保衔，曾国藩因为根据秀成亲供，以为福瑱已死，因此呈报清廷说福瑱已没。而实际上福瑱并没有死，逃出天京后到了广德去倚李世贤。外面既喧腾幼主离宁出走的消息，左宗棠、沈葆桢等甚至于交疏腾讥。又中外纷传金陵宫府之富，金银积聚得很多，等到城破后，绝无所得，于是免不掉一般人的怀疑。曾国藩本认为高官难做，盛名难当，很想功成身退，但一时摆脱不开，并且急于求去也太露痕迹。于是便奏请撤去湘军半数回乡里，又代陈国荃病势日增，请开缺回籍调理，以避免因权势而招祸。

曾国藩自从咸丰三年练湘勇，到同治三年湘军攻破南京为止，一共费了十一年功夫，吃尽辛苦艰难，终于获得最后的成功。曾国藩初带兵时，年仅四十三岁，正是壮年奋发之时，到金陵攻下，他已五十四岁，因为十多年的军务劳顿，已经慢慢现出老态来了。

附　录：

名　望

知识愈高，则天之所以责之者愈厚；名望愈重，则鬼神之所以伺察者愈严。故君子之自处。不肯与众人吉量长短。以为己之素所自期者大，不肯自欺其知识以欺天也。己之名望素尊，不肯更以鄙小之见贻讥于神明也。

气节·傲

自好之士多讲气节。讲之不精，则流于傲而不自觉。风节守于已者也，傲则加于人者也。汉萧望之初见霍大将军光，不肯露索挟持。王仲翁讥之。望之曰："各从其志。"魏孙资、刘放用事，辛毗不与往来。予敞谏之，毗正色曰："吾立身自有本末，就与孙、刘不平，不过令吾不作三公而已。"宋顾恺之不肯降意于戴法兴等，蔡兴宗嫌其风节太峻，觊之曰："辛毗有言：孙、刘不过使我不为三公耳。人禀命有定分，非智力可移。"因命弟子原著《定命论》以释之。此三事者，皆风节之守于已者也。若汲黯不下张汤，宋璟不礼王毛仲，此自位高望尊，得行其志已，不得以风节目之矣，然犹不可谓之傲也。以傲加人者，若盖宽饶之于许伯，孔融之于曹操，此傲在言词者也。嵇康之于钟会，谢灵运之于孟颛，此傲在神理在也。殷仲文之于何无忌，王僧达之于路琼之，此傲在仪节者也。息夫躬历诋诸公，暨艳弹射百寮；此傲在奏议者也。此数人者，皆不得令终。大抵人道害盈，鬼神福谦，傲者内恃其才，外溢其气，其心已不固矣，如盖、孔、稽、谢、殷、王等，仅以加诸一二人，犹且无德不报，有毒必发。若息夫躬、暨艳之徧忤同列，安有幸全之理哉？

裴子野曰："失有逸群之才，必思冲天之据。"盖俗之量，则偾常均之下。其能守之以道，将之以礼，殆为鲜乎！大抵怀材负奇，恒冀人以异眼相看。若一概以平等视之，非所愿也。韩信含羞于哙等，彭宠积望于无异。彼其素所挟持者高，诚不欲与庸庸者齐耳。君子之道，莫善于能下人，莫不善于矜。以齐桓公之盛业，葵邱之会微有振矜，而叛者九国。以关公之忠勇，一念之矜，则身败于徐晃，地丧于吕蒙。以大禹之圣，而伯益赞之，以满招损，谦受益。以郑伯之弱，而楚庄王曰："其君能下人，必能信用其民矣。"不自恃者，虽危而得安；自恃者，虽安而易危。自古国家，往往然也，故挟贵、挟长、挟贤、挟故勋劳，皆孟子之所不答；而怙宠、怙侈、怙非，怙乱，皆春秋士大夫之所深讥尔。

第六章　晚年生活（1865—1872）

第二十一节　剿捻的经过

金陵既经攻下，清政府以曾国藩既负了两江总督的责任，便要他在南京坐镇，这时曾国藩已回安庆。同治三年（1864）九月初一日，曾国藩从安庆启程，初七日到南京，初十日入督署。那时因为南京在劫余之后，没有一所完整的大厦，只有英王府没有被焚，所以便用它作为总督衙门。

曾国藩下车之后，认为当前最重要的事情，便是举行乡试，使各方面的士子云集，以刺激市面的繁荣。因此便在十一月间举行乡试，由李鸿章监试。十二月十五日，乡试揭晓，一共取了正榜二百七十三人，副榜四十八人。

秦淮灯舫，自昔称盛，洪、杨变乱之后，举目凄凉。国藩为繁荣市面计，这时便有开放秦淮灯舫之举。欧阳伯元所述国藩逸事中记此节云：

> 当时江宁府知府涂朗轩，名宗瀛，为理学名臣。方秦淮画舫恢复旧观也，涂进谒文正，力请出示禁止，谓不尔，恐将滋事。文正笑曰。待我领略其趣味，然后禁止未晚也。一夕，公微服，邀钟山书院山长李小湖至，同泛小舟入秦淮，见画舫蔽河，笙歌盈耳，红楼走马，翠黛敛蛾，帘卷珍珠，梁饰玳瑁，文正顾而乐甚，游至达旦，饮于河干，天明入署，传涂至曰，君言开放秦淮，恐滋事端，我昨夕同李小翁游至通宵，但闻歌舞之声，初无

滋扰之事，且养活细民不少，似可无容禁止矣。涂唯唯而退。

从这种地方，可见曾氏的胸襟和见识了。

国藩认为南京久经兵燹，亟须培植地方元气，因此便札令各军大裁湘勇，驻扎在金陵的只余四营。一面又修理驻防旗营，整饬吏治。这时御史陈廷经条陈，请变更江苏疆域，以江北与江南划开，国藩力争不可分治。他说："疆吏苟贤，则虽跨江跨淮，而无损于军事吏事之兴。疆吏苟不贤，则虽划疆分治，而无补于军事吏事之废。"清政府卒听从他的主张，不变更疆域。

十月初一，曾国藩送国荃起程回湘，亲自送了百里，直到采石矶才回来。国荃因为功成受谤，心里不免郁郁，国藩常常写信去安慰他。他说："弟中怀抑郁，余所深知；究竟弟所成就者，业已卓然不朽。古人称立德、立功、立言为三不朽，立德最难。"所以教他读书养气，以备后用。

这时候太平残军和捻军会合，聚集在湖北省内，进攻安徽的六安、英山、太湖等地。曾国藩因此派蒋凝学、刘连捷，分头堵御。敌军退入蕲水、罗田，依山据险，清军不能得利。清廷认为非楚、皖、豫三省通力合作，不能收效，因此便令国藩前赴楚、皖交界，督兵剿灭。又命李鸿章暂代两江总督，吴棠暂代江苏巡抚。

李鸿章在十七日到了南京，国藩和他商议裁退楚军、进用淮军的计划，因为曾国藩看出这时湘军已有暮气，而淮军方在强锐的时候。又因为蕲黄四百里以内，国藩和僧格林沁、官文等钦差三人，萃于一隅，恐怕引起敌军轻视的心肠，所以预备仍旧进驻安庆、六安等地。刚好这时僧格林沁在蕲水获胜，因罢赴皖之议，仍任两江总督。

同治四年（1865）四月，僧格林沁战殁于曹州，捻军的势力日炽。五月初九日，曾国藩奉命赴山东一带，督兵剿办捻军。所有直隶、山东、河南三省绿旗各营，及地方文武员弁，都归国藩节制调遣，凡有不遵调度的，并得指名严参。国藩命潘鼎新一军，从轮船驶往天津，而力辞节制三省的名目，以免为人侧目。国藩因为将赴徐州督师，于是便招集新兵，添练马队，檄调刘松山、刘铭传、周盛波、潘鼎新各军围剿。

五月二十五日，国藩从金陵启行，闰五月初八日到清江浦，二十九日到临淮关驻营。捻军进攻雉河集，国藩派兵把他们打退。先后奏说："此贼已成流寇，飘忽靡常；宜各练有定之兵，乃足以制无定之贼。臣由临淮进兵，将来安徽即以临淮为老营，及江苏之徐州，山东之济宁，河南之周家口，四路各驻大兵，为重镇。一省有急，三省往援。其援军之粮草，即取给于受援之地；庶几往来神速，呼吸相通。"后来曾国藩剿捻虽没有成功，但他的"以有定之兵，制无定之贼"，却被认为是剿灭流寇的最妥善的战略。

曾国藩因为捻军都是骑兵，湘淮军都是步兵，步兵和骑兵交战，是很吃亏的，所以在八月初四日，曾国藩进驻徐州，整理马队。十五日捻军破辛家集，徐州戒严。十月初九日国藩领军进击，捻军退回山东。

同治五年（1866）正月，国藩在徐州军次，这时年已五十六岁了。二月初九，国藩从徐州拔营起行。十五日路过邹县，谒孟子庙，十六日路过曲阜县，谒孔子庙，第二天和衍圣公孔祥珂同谒访孔林，十九日到济宁州驻营。四月间国藩因为一时不能南下，并且匪氛紧急，所以便派人把家眷从南京送回原籍，他自己在初七日伴着山东巡抚巡视运河，十一日渡黄河到张狄镇，十九日回到济宁拔营，换上水程视察运河堤墙。他视察山东军情，认为：

> 捻匪长处，在专好避兵，不肯轻战；偶尔接战，亦复凶悍异常。好用马队，四面包围，而正后侧马步夹进。马队冲突时，多用大刀长棒；步队冒烟冲突时，专用长锚猛刺。我军若能搪此数者，则枪炮伤人较多，究非捻匪所可及。

七月初八日船入淮水，十六日到临淮驻营，这时他又因暑生病，二十八日勉强挣扎着起程，八月初九日到周家口驻营。

这时候曾国藩因为湘军锐气已尽，数目又少，况且自己年老多病，觉得剿捻年余，仍无成效，十分惭愧，因此奏请李鸿章到徐州督师，这时已放为湖北巡抚的其弟国荃到襄阳督师。又称自己病难速痊，请开去协办大学士、两江总督，另简大员接办军务，他自己愿以散员留营效力，驻扎在周家口以为各省的联络中心。清政府不准他辞两江总督，令李鸿章专办剿匪事务，曾国藩回两江任办理军需的接济。这时御史穆缉香阿弹劾国藩，说他“督师日久无功，请量加谴责”。清政府予以驳斥说，“年余以来，曾国藩所派将领，驰驱东豫楚皖等省，不遗余力，歼贼亦颇不少。虽未能遽蒇厥功，亦岂贻误军情者可比？”又有御史弹劾国藩骄妄各款，也被清廷辩斥，但曾国藩觉得高居权位，众责所归，格外惕然不安了。

同治六年（1867）正月初六，国藩从周家口起程，十五日到徐州，十九日接受总督关防，和李鸿章筹商兵饷大计。这时候各方面都要国藩离营回署，因此二月初三日李鸿章前赴河南督师后，国藩在十六日便从徐州动身，三月初六日回南京。

国藩回南京后，四月间奏称制造轮船为救时要策，请将江海关洋税酌留二成，一成为专造轮船之用，一成酌济淮军和添兵等事。七月任体仁阁大学士，仍留两江总督之任。十月中国荃请准开去湖北巡抚，以便回籍调理。十二月李鸿章剿平东捻。

第二十二节　刷新吏治与整饬营务

从同治五年到六年，曾国藩因为自己位置过高，十分不安。清朝对于汉人，一向是不大放任的，这时因为国藩兄弟劳苦功高，迭次晋级；但一个专制的皇朝，谁保得住他们不借端翻脸呢？急流勇退，实在是曾国藩所日夕祷盼的。

他对于乱世做大官，认为是最痛苦的事。他说：

吾所过之处，千里萧条，民不聊生，当乱世，处大位，而为军民之司命者，殆人生之不幸者。

他又说：

诸事棘手焦灼之际，未尝不思遁入眼闭箱子之中，昂然甘寝，万事不视，或比今日人世差觉快乐。乃焦灼愈甚，公事愈烦，而长夜快乐之期，杳无音信。且又晋阶端揆，任责愈重，指摘甚多。人以极品为乐，我今实以为苦恼之境。然时世所处，万能置身事外，亦惟有“做一日和尚，撞一日钟”而已。

（《同治六年二月二十一日致沅浦六月初六日致澄侯》）

但他认为在任一日，便要尽一日的责任。所以他在两江任内，虽然年老多病，政务仍不肯稍假手于人，仍旧研究文书，核考吏治，一切章程都自己手订，一切批牍都亲手点改。所以薛福成对于曾国藩有这样一段批评：

政治之要，莫先察吏。曾国藩之在江南，治军治吏，本身联为一气。自军旅渐平，百务创举，曾国藩集思广益，手定章程，期可行之经久。劝农课桑，修文兴教，振穷戢暴，奖廉去贫，不数年间，民气大苏，而宦场浮滑之习，亦为之一变。

（《庸盦文编》）

同治七年（1868），国藩年五十八岁。三月间家眷从湘乡回到南京，二十八日迁入新督署。四月二十四日，国藩从南京起程，巡视地方，历经扬州、镇江、丹阳、常州、苏州，在闰四月初十日到了上海，住在高昌庙铁厂内，查阅轮船厂洋炮等工程。十五日回南京，这时曾国藩年龄虽已很高，但他仍好学不倦。他的出巡地方，可算得到处留心。我们从日记中可以看出他对于轮船厂观察的结果如下：

至机器局，观一切制造机器，屋宇虽不甚大，而机器颇备。旋观新造之轮船，长十六丈，宽三丈许。最要者，惟船底之龙骨中间。龙骨夹层两边，各龙骨三根。中骨直而径达两头，两边骨曲，而次第缩短。骨之下，板一层，骨之上，板一层；是为夹板，板厚三寸。龙骨之外，惟船肋最为要紧，约宽三寸有奇，皆用极坚之木。

七月间，李鸿章剿平西捻，清廷因曾国藩筹办淮军后路军火，俾李鸿章克竟全功，调任直隶总督。

十一月初四，国藩由南京起行，欧阳夫人因患喘咳，所以暂时留在南京。十二月初四日走到直隶境界，沿途按舆图稽查山川形势，尤其详细考察京都附近的水利，随时延访官绅，注意官吏的舆论贤否，密记在手册之中。

十三日到了北京，寓东安门外贤良寺。那时慈禧当权，对曾国藩寄望很殷，要他整理直隶省的营务和吏治。

同治八年（1869）正月二十日，曾国藩离开北京，第二天视察永定河堤工，二十七日到保定，二月初二接篆视事。国藩下车之后，认为直隶省有两件刻不能缓的事要办：第一是赋税太重，所以便查明积涝大洼地亩，应征粮赋，请分别豁减。第二是积案太多，所以便刊发《直隶清讼事宜十条》，又奏称："直隶刑案积多，与臬司张树声力筹清厘，甫有端绪，张树声见调任山西，请暂留畿辅一年，以清积案。"清政府允诺说："曾国藩到任后，办事认真，于吏治民风，实心整顿，力挽弊习，着如所请，俾收指臂之助。"又先后两次查明属员优劣，实行考绩方法，分别嘉勉降革，以肃吏治。所以薛福成称他：

其在直隶，未及两年，如清积讼，减差徭，筹荒政，皆有实惠及民。前后举劾属吏两疏，尤为众情所翕服。其法于莅任之始，令省中司道，将所属各员，酌加考语，开折汇进，以备考核，一面留心访察，偶有所闻，即登之记簿，参伍错综，而得其真。俟贤否昭然，具疏举劾，阖省惊以为神，官民至今称颂。曾国藩生平未尝皇专讲吏事，然其培养元气，转移积习，则专精吏治者所不逮也。

（《庸盦文编》）

这时候直隶营务废弛，清廷要他加以整顿。他认为练军必需的条件是：

一曰文法宜简。勇丁朴诚耐苦，不事虚文；营规只有数条，别无文告，管辖只论差事，不计官阶。挖濠筑垒，刻日而告成，运米搬柴，崇朝而集事。兵则编籍入伍，伺应差使，讲求仪节；及其出征，则行路须用官车，扎营须用民夫，油滑偷惰，积习使然。而前此所定练军规制，至一百五十余条之多，虽士大夫不能骤通而全记，文法太繁，官气太重。此当参用勇营之意者也。

一曰事权宜专。一营之权，全付营官，统领不为遥制；一军之权，全付统领，大帅不为遥制。近来江楚良将为统领时，即能大展其才，纵横如意，皆由事权归一之故。今直隶六军统领，迭次更换，所部营哨文武各官，皆由总督派拨。下有翼长分其任，上有总督揽其全，统领并无进退人才总督饷项之权，一旦驱之赴敌，群下岂肯用命？加以总理衙门，户部兵部，层层检制，虽良将亦瞻前顾后，莫敢放胆任事，又焉能尽其所长？此亦当参用勇营之意者也。

一曰情意宜洽。勇营之制，营官由统领挑选，哨弁由营官逃选，什长由哨弁挑选，勇丁由什长挑选。譬之木焉，统领如根，由根而生干、生枝、生叶，皆一气贯通。是以口粮虽出自公款，而勇丁感受营官挑选之恩，皆若受其私惠；平日既有恩谊相孚，临阵自能患难相顾。今练军之兵，离其本营本汛，调入新哨新队；其挑取多由本营主政，新练之营官，不能操去取之权，而又别无优待亲兵，奖拔健卒之柄。上下隔阂，情意全不相联，缓急岂可深恃？此虽欲参用勇营之意，而势有不能者也。

（《奏稿》）

根据以上各节，所以国藩认为直隶练军，不外二法：第一是“就本管之镇将练本管之弁法”，第二是“调南人之战将，练北人之新兵”。而后直隶练军照国藩的方法，果然大见效果。他省仿而行之，营务为之一振。

附　录：

明

三达德之首曰智。智即明也。古来豪杰，动称英雄。英即明也。明有二端：人见其近，吾见其远，曰高明；人见其粗，吾见其细，曰精明。高明者，譬如室中所见有限，登楼则所见远矣，登山则所见更远矣。精明者，譬如至微之物，以显微镜照之，则加大一倍、十倍、百倍矣。又如粗糙之米，再舂则粗糠全去，三舂、四舂，则精白绝伦矣。高明由于天分，精明由于学问。吾兄弟忝居大家，天分均不甚高明，专赖学问以求精明。好问若买显微之镜，好学若舂上熟之米。总须心中极明，而后口中可断。能明而断谓之英断，不明而断谓之武断。武断自己之事，为害犹浅；武断他人之事，招怨实深。惟谦退而不肯轻断，最足养福。

第二十三节　留心洋务

同治九年，国藩总计前后清理积案，计审结及注销的案件，有四万一千多起。自从入春以来，国藩老是觉得目力模糊，而看书办公，没有休息。三月中右目失明。四月间又患眩晕，因此便请假一月以资调养。

那时天津境内，常有幼孩失踪的案件发生，民间无知，并有传教师剖心挖眼的传说。后来有民团查出拐犯，供出是法国教堂的王三给他的迷药，于是天津的人民，群起和教民为难，殴毙法领事丰大业，烧毁天主教堂。五月二十三日通商大臣崇厚奏："天津民人因迷拐幼孩匪徒，有牵涉教堂情事，殴毙法国领事官，焚毁教堂。"于是清廷便命曾国藩前赴天津查办。

曾国藩认为："王三是否果为教堂所养？挖眼剖心之说，是否凭空谣传，抑系确有证据？此两者为案中之关键。"六月初六日病体稍愈，便力疾赴津。临行前书遗教一纸，留给他的两位公子纪泽、纪鸿。

余即日前赴天津，查办殴毙洋人焚毁教堂一案。外国性情凶悍，津民习气浮嚣，俱难和叶。将来勾怨兴兵，恐致酿成大变。余此行反复筹思，殊无良策。余自咸丰三年募勇以来即自誓效命疆场，今老年病躯，危难之际，断不肯吝于一死，以自负其初心。恐邂逅及难，而尔等诸事无所禀承，兹略示一二，以备不虞。

余若长逝，灵柩自以由运河搬回江南归湘为便。中间虽有临清至张秋一节，须改陆路，较之全由陆路者差易。去年由海船送来之书籍木器等过于繁重，断不可全行带回。须细心分别去留。可送者分送，可毁者焚毁，其必不可弃者，乃行带归，毋贪琐物而花途费。其在保定自制之木器，全行分送。沿途谢绝一切，概不收礼；但水路略求兵勇护送而已！余历年奏折，令胥史择要钞录，今已钞一半多，自须全行择钞。钞毕后存之家中，留于子孙观览，不可发刻送人，以其中可存者绝少也！余所作古文，黎莼斋钞录颇多，顷渠已照钞一分，寄余处存稿。此外黎所未钞之文，寥寥无几，尤不可发送别人。不特篇帙太多，且少壮不克努力，志亢则才不足以副之，刻出适以彰其陋耳！如有知旧劝刻余集者，婉言谢之可也。

余生平略涉先儒之书，见圣贤教人修身，千言万语，而要以不忮不求为重。忮者，嫉贤害能，妒功争宠，所谓“怠者不能修，忌者畏人修”之类也。求者，贪利贪名，怀士怀惠，所谓“未得患怀，既得患失”之类也。忮不常见，每发露于名业相侔，势位相埒之人。求不常见，每发露于货财相接，仕进相妨之际。将欲造福，先去忮心，所谓“人能充无欲害人之心，而仁不可胜用”也。将欲立品，先去求心，所谓“人能无穿窬之心，而义不可胜用”也。忮不去，满怀皆是荆棘；求不去，满腔日即卑污。余于此二者，常加克治，恨尚未能扫净尽。尔等欲心地干净，宜于二者，痛下工夫，并愿子孙世世戒之。

历览有国有家之兴，皆由克勤克俭所致。其衰也，则反是。

余生平亦颇以勤字自励，而实不能勤。故读书无手钞之册，居官无可存之牍。生平亦好以俭字教人，而自问实不能俭。今署中内外服役之人，厨房日用之数，亦云奢矣。其故由于前在军营，规模宏阔，相沿未改。近因多病，医药之资，漫无限制。由俭入奢，易于下水；由奢反俭，难于登天，在两江交卸时，尚存养廉二万金，在余初意，不料有此。然似此放手用去，转瞬即已立尽。尔辈以后居家，须学陵梭山之法，每月用银若干两，限一成数，另封秤出。每月用毕，只准赢余，不准赢欠。衙门奢侈之习，不能不彻底痛改。余初带兵之时，立志不取军营之钱，以自肥其私。今日差幸，不负始愿。然亦不愿子孙过于贫困，低颜求人。惟在尔辈力崇俭德，善持其后而已。

孝友为家庭之祥瑞，凡所称因果报应，他事或不尽验，独孝友则立获吉庆，反是则立获殃祸，无不验者。吾早岁久宦京师，于孝养之道多疏。后来碾转兵间，多获诸弟之助，而吾毫无裨益于诸弟。余兄弟姊妹各家，均有田宅之安，大抵皆九弟扶助之力。吾身殁之后，尔等视两叔如父，事叔母如母，视堂兄弟如手足。凡事皆从省啬，独待诸叔之家，则处处从厚。待堂兄弟以德业相劝，过失相规，期于彼此有成，为第一要义。其次则亲之欲其贵，爱之欲其富，常常以吉祥善事，代诸昆季默为祷祝，自当神人共钦。温甫、季洪两弟之死，余内省自有惭德，澄侯、沅甫两弟渐老，余此生不审能否相见？尔辈若能从孝友二字，切实讲求，亦足为弥缝缺憾耳！

（《家训》）

这篇遗教，不啻是曾国藩一个偏重于人生哲学的自传。而他在临行之前，写此遗嘱，也是因为“夷务”难办，预备以死报国的决心之表现。初十日国藩到了天津。这时天津的民气激昂，一般人的意见，有的要利用津人的民气，以驱逐洋人；有的要联俄联英，以专攻法国；有的主张参劾崇厚，以伸民气；有的要调集兵勇，准备开战。国藩意在秉公办理，坚保和局，不和外人起衅，出谕严戒市民，不准借端滋事。奏言："各省打毁教堂之案，层见迭出；而殴毙领事洋官，则从来未有之事。臣但立意不欲与之开衅，准情酌理，持平结案。使在彼有可转圜之地，庶在我不失柔远之方。"后来便诛去为首滋事的人，将办理不善的天津府县，革职治罪。

曾国藩这样办理津案，很引起都中一般士大夫的不满，无非是说他媚外卖国。其实以国藩的平素为人，何致于媚外卖国？况且他正当肃清洪、杨，大权在握，更不妨在洋人前大逞威风，以博取压伏四夷的美名。曾国藩所以不这样干，也非有所顾虑，他在赴津前已写下遗嘱，这表示他有死的决心。实在是为了公道所在，不容泯灭。倘若一味压迫外人，包容乱民，一方面固足引起外祸，非当时的国力所克当；一方面纵容乱民，将来仇杀外人焚烧领事馆等事，更必层出不穷。国藩远见及此，认为此风断不可张，所以不愿朝野的清议，断然依照自己的主见办理。

曾国藩固然自称不懂"洋务"，但他对于当时的中外情势，比较是看得清楚的，不像其他一般朝廷大官，只知夜郎自大。他对于外交的意见如下：

> 时事虽极艰难，谋画必须决断。伏见道光庚子以后，办理夷务，失在朝战夕和，无一定至计；遂至外患渐深，不可收拾。津郡此案，因愚民一旦愤激，致成大变，初非臣僚有意挑衅。朝廷昭示大信，不开兵端，此实天下生民之福。以后仍当坚持一心，曲全邻好，以为保民之道；时时设备，以为立国之本。二者不可偏废。
>
> （《曾奏稿》）

办理洋务，小事不妨放松，大事之必不可从者，乃可出死力与之苦争。当康熙全盛之时，而天主教已全盛中国，自京师至外省各城，几于无处无天主堂，以今日比之康熙时，则传教一事犹为患之小者，故鄙意不欲过于纠缠，正欲留全力以争持大局耳。

（《复吴竹庄》）

承示驭夷之法，羁縻为上，诚为至理名言。自宋以来，君子好痛诋和局，而轻言战争，至今清议未改此态，有识者虽知战不可恃，然不敢一意主和，盖恐群情懈驰，无复隐图自强之志。鄙人今岁所以大蒙讥诟而在己亦悔憾者，此也。

（《覆李文宗书》）

曾国藩这种外交政策，非但在当时算得很高明，便直到六十五年后的今日，这种外交政策仍旧是可以遵行的。关于曾国藩的“洋务”知识，薛福成批评他说：

自泰西各国通商以来，中外情势，已大变于往古。曾国藩深知时势之艰，审之又审，不肯孟浪将事。其大旨但务守定条约，示以诚信，使彼不能求逞于我；薄物细故，或所不较。曾国藩自谓不习洋务，前岁天津之事，论者于责望之余，加以诋议，曾国藩亦深自引咎，不稍置辩，然其所持大纲自不可易。居恒以隐患方长为虑，谓自强之道，贵于铢积寸累，一步不可蹈空，一语不可矜张，其讲求之要有三：曰制器，曰学校，曰操兵。故于沪局之造轮船，方言馆之翻译洋学，未尝不反复致意。其它如操练轮船、演习洋队，挑选幼童出洋肄业，无非为自强张之本，盖其心兢兢于所谓绸缪未雨之谋，未尝一日忘也。

（《庸庵文编》）

曾国藩的“洋务”知识，如制器、学校、操兵等肤浅之见，在今日的目光看来，非但浅薄得可怜，且有时不免于错误，但在六十五年前的当时，有这种见解已经是十分开明的了。

八月，两江总督马端敏遇刺，任曾国藩为两江总督，李鸿章为直隶总督。国藩具疏恳辞，说不敢以病躯耽误政务。清廷许以坐镇，不必亲理庶务。

曾国藩见辞职不准，只得在九月二十三日叫家眷先从运河南旋，自己入都陛见，和慈禧谈了些海防、传教以及练军等事情。十月十一日是国藩六十岁生日，湖广同乡京官，在湖广会馆为国藩祝寿。国藩在十五日出北京，闰十月二十日到南京。

同治十年（1871）七月初三日，国藩和李鸿章会奏派遣留学生：“由刑部主事陈兰彬、江苏同知容闳，选带聪颖子弟，前赴泰西各国肄习技艺。从前斌椿、志刚、孙家谷等，奉命游历海外，亲见各国军政船政，皆视为身心性命之学。中国当师仿其意，精通其法。查照美国新立和约，拟先赴美国学习，计其程途，由东北太平洋乘坐轮船径达美国，月余可到。已饬陈兰彬、容闳二员酌议章程，请饬下江海关于洋税项下按年指拨，勿使缺乏。”这是中国有留学生的开始。留学制度在中国教育政策上的效果如何，诚然是一个疑问，但曾国藩的主张派遣学生出洋，不能不说是开风气之先声。

八月初三日登舟出省检阅军队，历经扬州、清江、徐州、丹阳、常州、常熟、苏州、松江、上海等处，检阅各地驻军。十月十一日到吴淞，演试新造轮船四艘，国藩分别名以恬吉、威靖、操江、测海。十三日坐了威靖轮西上，十五日改乘测海轮回南京。

附　录：

不　忮

善莫大于恕，德莫凶于妒。妒者妾妇行，琐琐奚比数。己拙忌人能，己塞忌人遇。己若无事功，忌人得成务；己若无党援，忌人得多助。势位苟相敌，畏逼又相恶。己无好闻望，忌人文名著。己无贤子孙，忌人后嗣裕。争名日夜奔，争利东西骛。但期一身荣，不惜他人污。闻灾或欣幸，闻祸或悦豫。问渠何以然？不自知其故。尔室神来格，高明鬼所顾。天道常好还，嫉人还自误。幽明丛诟忌，乖气相回互。重者灾汝躬，轻亦减汝祚。我今告后生：悚然大觉悟！终身让人道，曾不失寸步；终身祝人善，曾不损尺布。消除嫉妒心，普天零甘露。家家获吉祥，我亦无恐怖。

不　求

知足天地宽；贪得宇宙隘。岂无过人姿，多欲为患害。在约每思丰，居困常求泰。富求千乘车，贵求万钉带。未得求速偿，既得求勿坏。芬馨比椒兰，磐固方泰岱。求荣不知厌，志亢神愈忲。岁燠有时寒；日明有时晦。时来多善缘，运去生灾怪。诸福不可期，百殃纷来会。片言动招尤，举足便有碍。戚戚抱殷忧，精爽日凋瘵。矫首望八荒，乾坤一何大！安荣无遽欣，患难无遽憨！君看十人中，八九有依赖。人穷多过我，我穷犹可耐。而况处夷途，奚事生嗟忾？于世少所求，俯仰有馀快。俟命堪终古，曾不愿乎外。

第二十四节　患病与逝世

曾国藩是患有癣疾的。我们在他的日记和书信中，时常可以看到谈到癣疾的痛苦和治疗。癣是一种皮肤病，没有生命的危险，但当发时十分痛痒，精神上很不好过。

曾国藩生长在湖南山间，从小过着劳苦的生活，所以身体比较健康。自从咸丰三年到同治三年，经过十多年的军事生活，历尽艰难困苦，因为辛劳过度，因此便染上了疾病，自从到南京受任两江总督后，曾国藩已经衰老了。

曾国藩已入于衰老，但他仍得不到休息。在同治四年到五年他办了一次剿捻的事情，同治九年又办了一次天津教案。这两件事都是很烦心力的事，而促他更入于衰老的。同治九年冬，他回任两江，因为病体难支，右目失明，使他很感痛苦。在他的家书中，他时常痛自责罚地说：

> 兄自患目疾，肝郁日甚。署中应治之事，无一能细心推求。居官，则为溺职之员；不仕，又无善退之法。恐日趋日下，徒为有识者所指摘耳！
>
> （《同治九年庚午十二月二十一日致澄侯沅浦弟》）

> 余于二月十三日发疝气疾，右肾肿下坠，近已消肿缩上，不甚为患。惟目疾日剧，右目久盲，左目亦极昏蒙，看文写字，深以为苦。除家信外，他处无一字亲笔。精神亦极衰惫，会客坐谈，即已渴睡成寐，核稿时，亦或睡去，实属有玷此官。
>
> （《同治十年三月十七日致沅浦弟》）

年老记性愈坏，精力益散，于文武贤否，军民利弊，全无体察。在疆吏中，最为懈弛，则又为之大愧！

（《九月初十日致澄侯沅浦弟》）

同治十一年（1872），曾国藩六十二岁。正月二十三日，国藩病肝风，右脚麻木，息了好一会儿才痊愈。到二十六日出门拜客，忽然欲语不能，好像要动风抽掣一般，稍服一点药便好了。这时大家劝他暂时请假休养，国藩不肯。他说："请假后宁尚有销假时耶？"又问欧阳夫人，他的父亲竹亭逝世时的情况。国藩很自信的说，"吾他日当俄然而逝，不至如此也！"

正月二十九日，国藩自写日记说："余病患不能用心。昔道光二十六七年间，每思作诗文，则身上癣疾大作，彻夜不能成寐。近年或作诗文，亦觉心中恍惚，不能自主。故眩晕、目疾肝风等症，皆心肝血虚之所致也。不能溘先朝露，速归于尽，又不能振作精神稍治应尽之职。苟安人间，惭悚何极。"第二天，他的日记上又说："余精神散漫已久，凡遇应了结之件，久不能完；应收拾之件，久不能检，如败叶满山，全无归宿。通籍三十余年，官至极品，而学业一无所成，德行一无所就；老大徒伤，不胜悚惶惭赧。"

二月初二日，国藩方在阅看案牍，执笔而手颤，欲言而不能出声，息了一会儿才痊可。因此便告诉公子纪泽说，丧事应该用古礼，勿用神道。初三日正在阅书，又有手颤心摇的病象。初四日得病逝世。关于曾国藩逝世的情形，他的幼女在《崇德老人八十自述年谱》中曾说：

至二月初四，饭后在内室小坐，余姊妹剖橙以进，公少尝之。旋至署西花园中散步，花园甚大，而满园已走过，尚欲登楼，以工程未毕而止。散步久之，忽足屡前蹴。惠敏在旁请曰："纳履未安耶？"公曰："吾觉足麻也。"惠敏及与从行之戈什哈扶掖，渐不能行，即已抽搐，因呼椅至，掖坐椅中，舁以入花厅，家人环集，不复能语，端坐三刻遂薨。时二月初四日戌时也。

国藩逝世时六十二岁。二弟国璜闻讣从长沙赶到南京治理丧事，扶柩回籍。国藩的遗体在五月二十日到长沙，六月十四日出殡，暂葬于长沙南门外金盆岭，两年后改葬于善化县湘西平塘伏龙山的南面。

清政府听到国藩逝世的消息，辍朝三天，以志哀悼，又叫何璟等查明曾国藩生平事业。后来湖广总督李瀚章、安徽巡抚英翰、署两江总督何璟都奏国藩生平事业。李瀚章说：

国藩初入翰林，即与故大学士倭仁，太常少卿唐鉴，徽宁道何桂珍，讲明程朱之学；克己省身，得有力有句。遭值时艰，毅然以天下自任，死生祸福，置之度外。其过人识力，在能坚持定见，不为浮议所摇。用兵江皖，陈四路进攻之策，剿办捻匪，建四面蹙贼之议。其后成功，不外乎此。

英翰的奏折上说：

自安庆克复后，国藩督兵驻扎，整吏治，抚疮痍，培元气，训属僚若子弟，视百姓如家人。生聚教养，百废俱举，至今皖民安堵，皆国藩所留贻，一闻出缺，士民奔走，妇孺号泣。以遗爱言，自昔疆臣汤斌、于成龙而后，未有若此感人之深者。

何璟说得更详细，他说：

咸丰十年，国藩驻祁门，皖南北十室九空。自金陵至徽州八百余里，无处无贼，无日无战。徽州初陷，休、祁大震。或劝移营他所，国藩曰：“吾初次进兵，遇险即退，后事何可言？吾去此一步，无死所也！”贼至环攻，国藩手书遗嘱，帐悬佩刀，从容布置，不改常度，死守兼旬。檄鲍超一战，驱之岭外。以十余载稽诛之狂寇，国藩受钺四年，次第荡平，皆因祁门初基不怯，有以寒贼胆而作士气。臣闻其昔官京师，即已留心人物；出事戎轩，尤勤访察。虽一材一艺，罔不甄录；又多方造就，以成其才。安庆克复，则推功于胡林翼之筹谋，多隆阿之苦战。金陵克复，又推功诸将，无一语及其弟国荃。谈及僧亲王及李鸿章、左宗棠诸人，皆自谓“十不及一”。清俭如寒素，廉俸尽充官中用，未尝置屋一廛，田一区。食不过四簋，男女婚嫁，不过二百金，垂为家训，有唐杨绾、宋李沆之遗风，其守之甚严而持之有恒者，曰“不诳语，不晏起”。前在两江任内，讨究文书，条理精密；无不手订之章程，点窜之批牍。前年回任，感激圣恩高厚，仍令坐镇东南。自谓稍有怠安，负疚滋重。公余无客不见，见必博访周咨，殷勤训励。于僚属之贤否，了理之源委，无不默识于心。其患病不起，实由平日事无巨细，必躬必亲，殚精竭虑所致也！

这三人的话，当然不免有过于夸张的地方。但我们研究曾国藩的一生，觉得里面有许多说话，并不是过誉，是很值得我们引以为法的。

附　录：

言　命

孟子言治乱兴衰之际，皆由人事主之，初不关乎天命，故曰

“以齐王由反手也”，曰“可使制梃以挞秦楚之坚甲利兵”，皆以人谋而操必胜之权。所谓祸福无不自己求之也。董子亦曰“治乱废兴在于己，非天降命不可得反”。与孟子之言相合。孔子曰：“天生德于予，桓魋其如予何!”“天之未丧斯文，匡人其如予何!”亦似深信在己者之有权。然凤鸟不至，河不出图。有“吾已矣夫”之叹，又似以天命归诸不可知之数。故其答子服景伯曰：“道之将行，命也；道之将废，命也。”语南宫适曰：“君子若人，尚德若人。”隐然以天命为难测。圣贤之言微旨不同。在学者默会之焉耳。

世　泽

士大夫之志趣、学术果有异于人者，则修之于身，式之于家，必将有流风馀韵传之子孙，化行乡里，所谓君子之泽也。就其最善者约有三端：曰诗书之泽，礼让之泽，稼穑之泽。诗书之泽，如韦玄成议礼，王吉传经，虞魏之昆，顾陆之裔，代有名家，不可殚述。我朝如桐城张氏，自文端公而下，巨卿硕学，世济其美。宣城梅氏，自定九徵君以下，世精算学。其六世孙梅伯言郎中曾亮，自谓莫绍先绪，而所为古文诗篇，一时推为祭酒。高邮王氏，自文肃公安国以下，世为名儒，而怀祖先生训诂之学，实集古今之大成。国藩于此三家者，常低徊叹仰，以为不可及。礼让之泽，如万石君之廉谨，富平侯之敬慎。唐之河东柳氏，宋之蓝田吕氏，门庭之内，彬彬焉有君子之风。余所见近时缙绅，未有崇礼法而不兴，习傲慢而不败者。稼穑之泽，惟周家开国，豳风陈业。述生理之艰难，导民风于淳厚，有味乎其言之。近世张敦复之恒产琐言，张杨园之农书，用意至为深远。国藩窃以为稼穑之泽，视诗书、礼让之泽尤为可大、可久。吾祖光禄大夫星冈公尝有言曰："吾子孙虽至大官，家中不可废农圃旧业。"懿哉至训，可为万世法已。

第二十五节　湘乡遗闻

国藩生二子五女。长子纪泽，字劼刚，学识过人，最为国藩所钟爱。次子纪鸿，字栗诚，国藩常说他天分不高，不大喜欢他，其实栗诚实在也负有绝异之资质，笃好算学，孜孜不倦，因为屡试礼部不第，郁郁而夭，殁时年仅三十三。纪泽晚年始得一子，不能继其业，而纪鸿则四子一女，孙曾繁衍。

国藩五个女儿，所适皆国藩故人之子。长女嫁湘潭袁氏，次女嫁湘阴郭氏，三女嫁茶陵陈氏，四女嫁湘乡罗氏，幼女嫁衡山聂氏。其长者四人，国藩皆及见其遣嫁。不过袁、罗二婿皆颇不肖，郭、陈虽稍可，而一则早卒，一则有隐疾。所以国藩之四女，都抑郁终身，这是国藩所终身引以为憾的。惟幼女之嫁，在国藩殁后，夫官至浙江巡抚，生子七人，女四人，今年八十有五，犹甚健康，为现存曾氏血属中之最长者，晚年以侄广镕之劝，笃信基督教，为人和平谦厚，自称崇德老人，手订《崇德老人八十年谱》一册，追述旧事，弥足珍贵。

国藩遗像之传于世者，一为国藩逝世前一年，在两江总督署用照相机所摄。其时有一人荐一善书者为国藩写真，因为他年已衰老，不耐久坐，他的公子便为他拍一照片，其时照相之术甚拙，也须十多分钟才能毕事。这是国藩生平惟一之照相，其他画像皆由此摹出。其二为南京莫愁湖胜棋楼上的石刻像，野服飘然，虽钩勒甚简，亦颇得神似。其三为清故宫的湘淮纪功册，今不知流落何处？册中所刊像，为国荃于光绪中叶追摹以进者，着侯服冠服，戴双眼花翎，面目绝肖，设色很工。

观国藩遗像脸略作长形，隆准而目有棱，自是沉挚之才。据湘乡父老言，国藩貌之过人者，眼作三角形，常如欲睡，而绝有光。身材仅中人，行步则极厚重，言语迟缓。国藩常以长子纪泽行路太轻，说话太快为忧，见于其家训。国藩一生操湘乡话，不稍变，故入觐时慈禧后不大懂他的话，这也见于其日记中。湘乡话在江浙尚不十分隔阂，其僚友部曲听惯了，倒也不以为苦。

国藩一生的起居饮食，从未改湘人农家习俗，每天起得很早，起身后便吃饭，非湘人都过不惯这种生活。李鸿章便因为不能起早吃饭，碰了他一个大钉子。其后有由幕中他往者，在临走时婉言告国藩，谓“非不能起早，乃不能起即吃饭耳”。从此才稍稍除此“虐政。”

湘俗以竹为箱，号曰篾笼，国藩的衣服也都是藏在篾笼中，不购皮革箱藏衣。他的家训中曾自言位兼将相，而所有衣服之值不过三百金。彼时满人以服饰相夸尚，但备一稍佳的貂褂，便不止这个数目了。

国藩晚年患目疾，每日傍晚，便下廉幕，燃洋烛数行，设酒肴糖果，与幕客聚谈，常纵声大笑。其长孙广钧时方六七岁，犹依约记其情景，尝为其友辈言之。

国藩一生忍辱负重，于人所不能堪者皆能委曲顺受。其在江西督师时，所用钦差办理军务关防为地方官所驳回，又有云彼已革职，不应专折奉事。国藩丁忧再出时，曾上疏痛陈办事之难，诸如此事，皆直言之不少讳。及同治初年，国藩已任两江总督，握兵符，而江西巡抚沈葆桢不先就商，遽奏停江西厘捐对国藩军的协饷。国藩以江西为江督所辖之地，沈葆桢又系自己所保荐的人，不应如此掣肘，大怒不可遏。即自草章痛诋沈氏，其词于严正之中，深露愤激之气，与平日谦谦之度，殊不相符。盖国藩天赋本属刚毅一流，其所以善忍者，全是养气克制工夫，有时亦一发而不能止耳。

曾氏所居湘乡老宅曰“白玉堂”，其后诸兄弟别营之屋曰“黄金堂”。国藩亦自葺一屋于富圫，生前未及入居，现在由其子孙居住。

国藩所遗的书籍物品都存于家祠，凡他的祖父、父亲所用的衣服书籍下至钱柜之类，他都好好地留示子孙，而他所得赐物以及手阅的书也都一一疏记。国藩殁后，遗物足资纪念者甚多，惟其湘乡故宅后来曾遭劫掠，子孙分散，留守无人，听说所存已寥寥无几。现在所存的，有国藩手批的书若干，以及手书日记及家书还都完好，欲求当时公牍、账册及旗帜、军器、冠服之类，不可复得了。

国藩手书日记在民国前二年已石印成三十二册，此外尚有在京时所书绵绵穆穆之宝日记数册，其式为刻板分栏，每日一页，无事则阙之。又有由湘入京会试的日记一册，即用账簿所书，上栏记行程琐事，下栏即记日用钱数，同行者为郭嵩焘。其时国藩尚嗜吸烟，簿中屡有买烟之账，又尝于途中阅《红楼梦》云。

附　录：

静

静则生明，动则多咎，自然之理也。家长好动，子弟必纷纷扰扰。朝生一策，暮设一计，虽严禁之而不能止。欲求一家之安静，先求一身之清静。静有二道：一曰不入是非之场，二曰不入势利之场。乡里之词讼曲直，于我何干？我若强为剖断，始则赔酒饭，后则惹怨恨。官场之得失升沉，于我何涉？我若稍为干预，小则招物议，大则挂弹章。不若一概不管。可以敛后辈之躁气，即可保此身之清福。（戊辰）

下　　编

第七章　曾国藩的不凡人格

第二十六节　律己以严

看了上面的六章，我们对于曾国藩一生的事业，虽没有详细的明了，但至少可以得到一个概念。

但前面已经说过，曾国藩一生最值得我们钦佩和效法的地方，与其说是在事业方面，毋宁说在人格方面。

我们说起曾国藩的为人，无非是推许他的讲礼义，知廉耻，但是他一生最过人的地方，实在是他的“躬自实行”的一点。礼义廉耻的大道理，是任何人都会讲的。会讲不算希奇，而能躬自实行，先从自己做起，这才难能可贵。对人家满口礼义廉耻，而自己所做的都不合礼义廉耻，这种人只能引起旁人的反感，决不会感动人家。

曾国藩在少年时代，便已做克己的功夫。他写信给他在家里的诸弟，劝他们及时努力，他自己以身作则。他说：

余自十月初一立志自新以来，虽懒惰如故，而每日楷书写日记，每日读史十页，每日记茶余偶谈一则，此三事未尝一日间断。十月二十一日，立誓永戒吃水烟，自今已两月不吃烟，已习惯成自然矣。予自立课程甚多，惟记茶余偶谈，读史十页，写日记楷本，此三事者，誓终身不间断也。

（《道光二十二年十二月二十日致诸弟》）

记日记并不是难事，日记而用楷书，已是不易；而日记终身不间断，便非有极大毅力的人不容易做到了。水烟是一种很小的嗜好，但即使是一件很小的嗜好，要戒绝也不是容易的事。曾国藩自己也说：“自戒潮烟以来，心神彷徨几若无主。遏欲之难，类如此矣！不挟破釜沉舟之势，讵有济哉?”（《壬寅正月日记》）戒水烟诚然是一件小事，能用破釜沉舟的决心来做，这样的人才能做大事。

曾国藩还有一件持之有恒终身不渝的事情，便是起早。他常说：“起早，尤千金妙方，长寿金丹也。”“吾近有二事法祖父：一曰起早，二曰勤洗脚，似于身体大有裨益。”

其实起早不仅有益于身体，于做事方面也很有裨益，湘军的所以所向无敌，便是能吃苦，而湘军起身早吃饭早，也是比人家强的地方。

凡是律己以严的人，都是有坚卓志向的人。曾国藩说：“即以余生平言之，三十年前最好吃烟，片刻不离；至道光壬寅十一月二十一日立志戒烟，至今不再吃。四十六岁以前作事无恒，近五年深以为戒，现在大小事均有恒。”（《家书》）曾国藩这样律己严刻，并不是口里说说的。他是说得到做得到。我们看他立志写日记，直到他逝世的前一天，中间没有间断，可见他做事是如何有恒了！

等到他带兵以后，他对于自己绝不宽容。他说：“天下滔滔，祸乱未已，吏治人心，毫无更改，军政战事，日崇虚伪，非得二三君子，倡之以诚朴，导之以廉耻，则江河日下，不知所届。默察天意人事，大局殆无挽回之理。鄙人近岁在军，不问战事之利钝，但课一己之勤惰。盖战虽数次得利，数十次得利，曾无小补。不若自习勤劳，犹可稍求一心之安。”（《与陈俊臣书》）

带兵的人最要紧的是得人心，而得人心的不二途径，是律己以严，只有以身作则，身先士卒，才足以指挥将士，曾国藩的战略本来平常，他之所以能取得最后胜利，完全是待自己严厉的结果。非但如此，曾国藩直到年已衰老，位居总督，对于自己仍不肯稍失检点，他在日记中说：

余日衰老，而学无一成。应作之文甚多，总未能发奋为之。忝窃虚名，毫无实际，愧悔之至！

（乙巳五月）

日月如流，倏已秋分。学业既一无所成，而德行不修，尤悔丛集。自顾竟无湔除改徙之时，忧愧曷已。

（己巳八月）

到江宁任，又已两月余。应办之事，余未料理。悠悠忽忽，忝居高位，每日饱食酣眠，惭愧至矣！

（庚午十二月）

可见曾国藩的一生，没有一天不在严厉的监视自己，教训自己。也就因为这个缘故，使他在道德方面和事业方面，一天天的进步。他看清楚他所负责任的重大。最初他在家庭方面，他负有教导四位兄弟的责任，他非自己做一个好榜样，不能教训兄弟。后来他成为社会的名人，他负有改变风气的责任。他非责己以严，不能严以驭下。所以曾国藩一生的成功，是由于他自己的以身作则，辛勤劳苦得来的。

附　录：

君子慎独论

尝谓独也者，君子与小人共焉者也。小人以其为独而生一念之妄，积妄生肆，而欺人之事成，君子標其为独而生一念之诚，积诚为慎，而自慊之功密。其间离合几微之端，可得而论矣。

盖《大学》自格致以后，前言往行，既资其扩充；日用细故，亦深其阅历。心之际乎事者，已能剖晰乎公私；心之丽于理者，又足精研其得失。则夫善之当为，不善之宜去，早画然其灼见矣。而彼小人者，乃不能实有所见，而行其所知。于是一善当前，幸人之莫我察也，则趋焉而不决。一不善当前，幸人之莫或伺也，则去之而不力。幽独之中，情伪斯出，所谓欺也。惟夫君子者，惧一善之不力，则冥冥者有堕行；一不善之不去，则涓涓者无已时。屋漏而懔如帝天，方寸而坚如金石。独知之地，慎之又慎。此圣经之要领，而后贤所切究者也。

自世儒以格致为外求，而专力于知善知恶，则慎独之旨晦。自世儒以独体为内照，而反昧乎即事即理，则慎独之旨愈晦。要之，明宜先乎诚，非格致则慎亦失当。心必丽于实，非事物则独将失守。此入德之方，不可不辨者也。

第二十七节　治家勤俭

曾国藩的时代，还是中国宗法社会和家庭制度最稳固的时代，所以他对于治家一事，是很关心的，现在的时候当然不是曾国藩的时代可比，但曾国藩的治家方法，不妨拿来供我们参考。曾国藩的治家方法，只有两个字，一个是“勤”，另一个是“俭”。

关于“勤”的方面，他尝说：

子姓半耕半读，以守先人之旧，慎无存半点官气；不许坐轿，不许唤人取水添茶等事。其拾柴收粪等事，须一一为之。插田莳禾等事，亦时时学之。庶渐渐务本，而不习淫佚矣。宜令勤慎，无作欠伸懒慢样子，至要！至要！吾兄弟中惟澄弟较勤，吾近日亦勉为勤敬。即令世运艰屯，而一家之中，勤则兴，懒则败。

他对于妇女的勤劳，也很关心的。他说：

新妇初来，宜教之入厨作羹，勤于纺绩。不宜因其为富贵子女，不事操作。大、二、三诸女，已能做大鞋否？三姑一嫂，每年做鞋一双寄余，各表孝敬之忱，各争针黹之工。所织之布，做成衣袜寄来，余亦得察闺门以内之勤惰也。

（《咸丰六年十月致纪泽》）

但他对于一个人的勤，并不主张立时做到，主张慢慢养成习惯。所以他说：

此二者，妇道之最要者也。但须教之以渐，渠系富贵子女，未习劳苦，由渐而习。则日变月化，而迁善不知。若改之太骤，则难期有恒。

（《咸丰六年二月初八日致诸弟》）

对于勤劳，他又举出若干例子。他说：

家中种蔬一事，千万不可怠惰。屋门首塘养鱼，亦有一种生机；养猪亦内政之要者。

（《咸丰八年七月二十一日致澄季弟》）

家中养鱼、养猪、种竹、种蔬四事，皆不可忽。一则上接祖父来相承之家风，二则望其外而有一种生气，登其庭而有一种旺气。

至于“俭”字，更是曾国藩所持之有恒，终身不渝的。他常常不厌过烦的说：

闻家中修整“富厚堂”屋宇，用钱共七千串之多，不知何以浩费如此，深为骇叹！余生平以起屋买田为仕宦之恶习，誓不为之；不料奢靡若此，何颜见人？平日所说之话，全不践言，可羞孰甚？李翥汉言：“照李希帅之样，打银壶一把，为炖人参燕窝之用，费银八两有奇，深为愧悔。”今小民皆食草根，官员亦多穷困，而吾居高位，骄奢若此，且盗廉俭之虚名，惭愧何地！以后当于此等处，痛下针砭。

（《丁卯四月日记》）

照料家事，总以俭字为主。情意宜厚，用度宜俭，此居家居乡之要诀也！

他教训他的儿子纪泽，也不外勤俭二字。他说：

凡人多望子孙为大官，余不愿为大官，但愿为读书明理之君子。勤俭自持，习劳习苦，可以处乐，可以处约，此君子也。余服官二十年，不敢稍染官宦气习。饮食起居，尚守寒素家风；极俭也可，略丰也可，太丰则我不敢也。凡仕宦之家，由俭入奢易，由奢入俭难。尔年尚幼，一切不可贪爱奢华，不可惯习懒惰。无谕大家小家，士农工商，勤苦俭约，未有不兴；骄奢倦怠，未有不败。

（咸丰六年九月二十九日谕纪鸿）

他老人家又怕家里人对于他的勤俭二字记不清楚；所以他把这几件事编成一歌。他说：

余与沅弟谓治家之道，一切以星冈公为法。大约有八字诀。其四字，即上年所称“书、蔬、鱼、猪”也；又四字，则曰：“早、扫、考、宝”也。早者，起早也；扫者，扯屋也；考者，祖先祭祀，敬奉显考；宝者，星冈公尝曰：“人待人，无价之宝也。”星冈公生平于此数端，最为认真，故余戏述为八字诀曰：“书蔬鱼猪、早扫考宝”也。

（《咸丰十年闰三月二十九日致四弟》）

他自己是贫苦出身，他的诸弟也都是吃过劳苦的。只有他的子侄从小生在仕宦之家，不晓得物力艰难，这是他最担心的。他说：

余在京十四年，从未得人二百金之赠，余亦未尝以此数赠人。虽由余交游太寡，而物力艰难，亦可概见。余家后辈子弟，全未见过艰苦模样，眼孔大，口气大，呼奴喝婢，习惯自然。骄傲之气，入于膏肓而不自觉，吾深以为虑。吾函以“傲”字箴规两弟，两弟犹能自省自惕；若以“傲”字告诫子侄，则全然不解。盖自出世以来，只做过大，并未做过小，故一切茫然；不似两弟做过小，吃过苦也。

（《家书》）

曾国藩不喜欢要排场，他规定男女婚嫁，不过二百金，垂为家训。他这样的俭朴，甚至引起他阿弟的怀疑。《崇德老人八十自订年谱》中曾有这样一段记载：

文正公手谕嫁女奁赀不得逾二百金，欧阳太夫人遣嫁四姊时，犹恪秉成法。忠襄公闻而异之，曰："乌有是事？"发箱奁而验之，果信。再三嗟叹，以为实难敷用，因更赠四百金。

曾国藩生在湖南山间，从小劳苦，所以能够勤俭，这是常人所能做到的。但当他做了高官，仍不渝勤俭的初衷，这种毅力和识见，实在是值得人们钦仰的。

附　录：

儒　缓

《论语》两称"敏则有功"。敏，有得之天事者，才艺赡给，裁决如流，此不数数觏也。有得之人事者，人十己千，习勤不辍，中材以下，皆可勉焉而几。余性鲁钝，他人目下二三行，余或疾读不能终一行。他人顷刻立办者，余或沉吟数时不能了。友人阳湖周弢甫腾虎，尝谓余儒缓不及事，余亦深以舒缓自愧。《左传》齐人责鲁君不答稽首，因歌之曰："鲁人之皋，数年不觉；使我高蹈，惟其儒书。以为二国忧。"言鲁人好儒术，而失之皋缓。故二国兴师来问也。《汉书·朱博传》：齐部舒缓养名博，奋髯抵几曰："观齐儿欲以此为俗邪？"皆斥罢诸吏。门下掾赣遂，耆老大儒，拜起舒迟。博谓赣老生不习吏礼，令主簿教之，拜起闲习。又以功曹官属，多褒衣大袑，不中节度；敕令掾史衣皆去地二寸。此亦恶儒术之舒缓，不足了事也。《通鉴》：凉骠骑大将军宋混曰“臣弟澄政事愈于臣，但恐儒缓，机事不称耳。”胡三省注曰：“凡儒者多务为舒缓，而不能应机，以趋事赴功。”大伭儒术非病，儒而失之疏缓，则从政多积滞之事，治军少可趁之功。

第二十八节　“拙诚”的实效

君子之道，莫大乎以忠诚为天下倡。世之乱也，上下纵于亡等之欲，奸伪相吞，变诈相角，自图其安，而予人以至危，畏难避害，曾不肯捐丝粟之力，以拯天下。得忠诚者起而矫之，克己而爱人，去伪而崇拙，躬履诸艰而不责人以同患，浩然捐生，如远游之还乡而无所顾忌。由是众人效其所为，亦皆以苟活为羞，以避事为耻。呜呼！吾乡数君子所以鼓舞群伦，历九州而戡大乱，非拙且诚者之效与？

这是曾国藩做的《湘乡昭忠祠记》的一段。曾国藩的一生事业，就靠着“拙诚”二字而成功。

在一个虚浮伪滑的世界，惟有守“拙”的人才获得成功，惟有至“诚”才能收实效。取巧和虚伪，固然可以取得一时的便宜。终究必定是失败的。

曾国藩生在湖南山间，亢直的民族性使得他去“伪”而崇“拙”。他也未尝不想到取巧，但他以为：

吾自信亦笃实人，只为阅历世途，饱更事变，略参些机权作用，把自家学坏了！实则作用万不如人，徒惹人笑，教人怀憾，何益之有？近日忧居猛省，一味向平实处用心，将自家笃实的本质，还我真面，复我固有。贤弟此刻在外，亦急须将笃实复还，万不可走入机巧一路，日趋日下也。纵人以机巧来，我仍以含浑应之，以诚愚应之。久之，则人之意也消。

所以他的“诚拙”的态度，非但帮助他事业的成功，并且能变化他人的气质。

李鸿章是他的学生，鸿章的才气，是国藩所赏识的，并且自以为不及的。但江南方面的虚伪空气，远非朴质的曾国藩所能看得过，他看出鸿章的才干可用，而浮巧为其弱点，所以当鸿章在国藩幕府时，国藩有一次借端对他说：“少荃！既入我幕，我有言相告，此处所尚惟一‘诚’字而已。”鸿章为之悚然。可是后来李鸿章的功业，未尝非他老师一番苦心所造成。

所谓“拙诚”，用现代的话来说，就是“埋头苦干”，就是多做实际工作，不作口头宣传。这虽不能完全包括“拙诚”二字的意义，但它的精粹就在于此。所以专说大话而不知埋头苦干的人，是曾国藩所最瞧不起的。所以他的湘军的首领，都是些不善于说话的人。他认为湘军之所以无敌者在此。——其实这就是“拙诚”二字的实效。

“公貌之过人者，眼作三角形，常如欲睡，而绝有光。身材仅中人，行步则极厚重，言语迟缓。公常以长子纪泽行路太轻，说话太快为忧，见于其家训。”可见曾国藩是如何“崇拙抑巧”了。

为了贯彻他的“拙诚”的主义，他又创为“五到”之说。所谓“五到”者，就是“身到、心到、眼到、手到、口到”。至于这“五到”的解说，照曾国藩自已说：

身到者，如作吏，则亲验命盗案，亲查乡里；治军，则亲巡营垒，亲冒矢石是也。心到者，凡事苦心剖晰：大条理，小条理，始条理，终条理，先要擘得开，后要括得拢是也。眼到者，着意看人，认真看公牍是也。手到者，于人之短长，事之关键，随笔写记，以备遗忘是也。口到者，于使人之事，警众之辞，既有公文，又不惮再三苦口丁宁也。

（《曾国藩名言类钞》）

曾国藩这“五到”之说，已经引起很多人的注意，并且企图着去实践。细看他之所谓“五到”，无非是脚踏实地、不厌烦琐、不怕艰难的埋头苦干。看上去虽觉得不是一件难事，但非有自己认定“拙诚”二字而抱着这个决心的人，是不容易做到的。

附　录：

以贤下人

以才自足，以能自矜，则为小人所忌，亦为君子所薄。

老庄之旨，以此为最要。故再三言之而不已。南荣趎赢粮至老子之所。老子国藩每读之，不觉失笑。以仲尼之温、恭、俭、让，常以周公才美骄吝为戒。而老子犹曰：“去汝之躬矜与容智。”虽非事实，而老氏之所恶于儒术者，举可知已。庄生尤数数言此。吾最爱曰：“子何与人偕来之众也？”《徐无鬼》篇中语曰：“学一先生之言，则暖暖昧昧，而私自悦也。”又曰：“以贤临人，未有得人者也；以贤下人，未有不得人者也。”

克勤小物

古之成大业者，多自克勤小物而来。百尺之楼，基于平地；

千丈之帛，一尺一寸之所积也；万石之钟，一铢一两之所累也。文王之圣，而自朝至于日中昃，不遑暇食。周公仰而思之，夜以继日；幸而得之，坐以待旦。仲山甫夙夜匪懈，其勤若此，则无小无大，何事之敢慢哉？诸葛忠武为相，自杖罪以上，皆亲自临决。杜慧度为政，纤密一如治家。陶侃综理密微，虽竹头木屑皆储为有用之物。朱子谓为学须铢积寸累，为政者亦未有不由铢积寸累而克底于成者也。

秦始皇衡石量书，魏明帝自案行尚书事，隋文帝卫士传餐，皆为后世所讥，以为天子不当亲理细事。余谓天子或可不亲细事，若为大臣者，则断不可不亲。陈平之问钱谷不知，问刑狱不知，未可以为人臣之法也。凡程功立事，必以目所共见者为效。苟有车必见其轼，苟有衣必见其敝。苟为博物君子，必见其著述满家，抄撮累箧。苟为躬行君子，必见其容色之目卒盎，徒党之感慕。苟善治民，必见其所居民悦，所去见思。苟善治军，必见其有战则胜，有攻则取。若不以目所共见者为效，而但凭心所悬揣者为高，则将以虚薄为辩而贱名检，以望空为贤而笑勤恪。何晏、邓飏之徒，流风相扇，高心而空腹，尊己而傲物，大事细事皆堕坏于冥昧之中，亲者贤者皆见拒于千里之外，以此而冀大业之成，不亦悖哉？孔子许仲弓南面之才，而雍以居敬为行简之本，盖必能敬乃无废事也。

我宣宗成皇帝临御三十年，勤政法祖，每日寅正而兴，省览章奏，卯正而毕，事无留滞。道光二十九年，圣躬不豫，自夏徂冬，犹力疾治事，不趋简便。三十年正月十四日，始命皇四子代阅章奏，召见大臣，即今上皇帝也。对事甫毕而宣宗龙驭上宾，盖以七十天子笃病半载，其不躬亲庶政者仅弥留之顷耳，为人臣者其敢自暇自逸，以不亲细事自诿乎？

第二十九节　虚心求过

一个人不会没有过，虽圣贤也不免。曾国藩过人的地方，不在无过失，而在平时每天自己找出过失，请旁人指出自己的过失。等到感觉过失的确存在时，用极大的毅力来改过。

曾国藩求过的方法，第一是自己求过，便是记日记。日记的成效是很大的，只要能诚实不欺，无事不记，曾国藩的日记，便能做到这一步。他在日记中说：

> 近时河南倭艮峰——仁——前辈，用功最笃实。每日自朝至寝，一言，一动作，饮食皆有札记。或心有私欲不克，外有不及检，皆记出。
>
> （辛丑七月）

因此他便依照倭仁的办法，在日记中写出自己的过失，时时警惕以求改过。他的日记中自己找出自己过失的例子很多：

> 前以八德自勉，曰：勤、俭、刚、明、孝、信、谦、浑，近日于勤字不能实践；于谦、浑二字，尤觉相违，悚愧无已。
>
> （甲子四月）

> 小珊前与予有隙，细思皆我之不是。苟我素以忠信待人，何至人不见信？苟我素能礼人以敬，何至人有慢言？且即令人有不是，何至肆口慢骂，忿戾不顾，几于忘身及亲若此？此事予有三大过：平日不信，不敬，相恃太深，一也！此时一语不合、忿恨

无礼，二也！龃龉之后，人反平易，我反悍然，不近人情，三也！

（壬寅正月）

直到他年衰官高，勤求己过仍不肯稍宽。他说：“吾平日以俭字教人，而吾近来饮食起居，殊太丰厚。昨闻魁时若将军言，渠家四代一品，而妇女在家，并未穿著绸缎料；吾家妇女亦过于讲究，深恐享受太过，足以折福。”又说：“人而不勤，则万事俱废，一家具有衰象。余于三四月内不治一事，于居家之道，大有所损，愧悚无已！”这种勤求己过的精神是不可及的。

曾国藩求过的第二方法，便是请求朋友和兄弟直言相告。他说：“安得一二好友，胸襟旷达，萧然自得者，与之相处，砭吾之短。其次则博学能文，精通训诂者，亦可助益于我。”又说：“余身旁须有一胸襟恬淡者，时时伺吾之短，以相箴规，庶不使‘矜心’生于不自觉。”至于他请兄弟进箴规，我们可以在他的家书中常常看到。他说：

诸弟远隔数千里外，必须匡我之不逮，时时寄书规我之过。务使累世积德，不自我一人而坠，庶几持盈保泰，得免速致颠危。诸弟能常进箴规，则弟即吾之良师益友也！

外间指摘吾家昆弟过恶，吾有所闻，自当一一告弟，明责婉劝，有则改之，无则加勉，岂宜秘而不宣？

九弟谏余数事，余亦教九弟：静虚涵泳，萧然物外。

喜谀怒诟，乃是人的常情。但朋友们对于曾国藩的忠告，他可真肯接受。他说：

竹如教我曰："耐"。予尝言竹如"贞"足干事，予所阙者"贞"耳！竹如以一"耐"字教我，盖欲我镇躁以归于静，以渐几于能"贞"也此。一字，足以医心病矣！

作梅言："见得天下皆是坏人，不如见得天下皆是好人，存一番熏陶玉成之心，使人乐于为善"云云。盖讽余近日好言人之短，见得人多不是也！

（《日记·庚申九月》）

许多居大位的人，因为听不到一句逆耳的话，听不到一句真的舆论，结果把他的前程葬送了。曾国藩这种"勤求己过"、"喜闻诤言"的态度，是很值得我们取法的。

附　录：

悔　吝

吉凶悔吝，四者相为循环。吉，非有祥瑞之可言，但行事措之咸宜，无有人非鬼责，是即谓之吉。过是则为吝矣。天道忌满，鬼神害盈，日中则仄，月盈则亏，《易》爻多言贞吝。易之道，当随时变易，以处中当变，而守此不变，则贞而吝矣。凡行之而过，无论其非义也，即尽善之举，盛德之事，稍过，则吝随之。余官京师，自名所居之室，日求阙斋，恐以满盈致吝也。人无贤愚，遇凶皆知自悔，悔则可免于灾戾。故曰："震无咎者，存乎悔。"动心忍性，斯大任之基；侧身修行，乃中兴之本。自古成大业者，未有不自困心横虑、觉悟知非而来者也。吝则驯致于凶，悔则渐趋于吉。故大易之道，莫善于悔，莫不善于吝。吾家子弟将欲自修，而免于愆尤，有二语焉，曰："无好快意之事，常存省过之心。”

第三十节　待人忠恕

曾国藩还有另一种美德，便是待人忠恕。

凡是一个严以律己的人，没有不待人忠恕的。人和人之间的冲突，不过是为了利害关系。一个严以律己的人，一定能把权利看得很轻，欲望看得很薄，那么在人与人交接中，他决不会待任何人有什么过度的苛求了。——这就是忠恕。

曾国藩一生朋友很多，很得人心；为什么许多人愿意和他做朋友呢？为什么人家不能像他这样得人心呢？这就是因为他待人忠恕。他说：

> 敬恕二字，细加体认，实觉刻不可离；敬则心存而不放，恕则不蔽于私。大抵接人处事，于见得他人不是，极怒之际，能设身易地以处，则意气顿平，故恕字为求仁极捷之径。

忠恕二字，非有极大度量的人，不易做到。曾国藩的所谓忠恕，并不是口头说说的，他能说到做到。曾国藩的度量，是很能容物的，他和左宗棠的关系，便可以证明他待人忠恕的程度。

左宗棠是一个默默无闻的人，在四十一岁前犹在乡间充私塾先生，因办理团练，为曾国藩所赏识。因此在咸丰十一年浙江军事紧急的时候，曾国藩力保左宗棠，说他“前在湖南抚臣骆秉章幕中赞助军谋，兼顾数省，其才实可独当一面，请令左宗棠督办浙江全省军务”。可是左宗棠这人放荡不羁，恃才傲物，老是对曾国藩过不去。曾国藩对于左宗棠这种恩将仇报的行为，并没有仇怒的表示，可见他是如何的能容物了。

凡是气量狭小的人，决做不到“忠恕”二字。曾国藩识量之大，卓越于人。他的做事，论功则推于人，论过则引为己责。他最不喜“好大争功”。同治四年九月，又有节制楚北之谕，文正疏陈，有云：“湖广总督官文，久历戎行，老成持重，资格在臣之先，名位居臣之右，所有湖北防务及越境剿敌诸军，久经官文派定，乃以臣分居节制之名，纵官文不稍有芥蒂，而骇中外之听闻，滋将士之疑贰，所关实非浅鲜。天下至大，事变方殷，决非一手一足所能维持，伏恳朝廷广收群策，不因用一二人而沮名臣之气。”看此疏，觉得曾国藩公忠体国的一片用心，令人心折不止。

凡是上述各节，如“律己以严”，“治家勤俭”，“拙诚”，“虚心求过”，“待人忠恕”，都是曾国藩人格伟大的地方。曾国藩之所以受人钦仰，最重要的一点便是他的不凡人格。

附　录：

恕

圣门好言仁。仁即恕也。曰富，曰贵，曰成，曰荣，曰誉，曰顺，此数者，我之所喜，人亦皆喜之。曰贫，曰贱，曰败，曰辱，曰毁，曰逆，此数者，我之所恶，人亦皆恶之。吾辈有声势之家，一言可以荣人，一言可以辱人。荣人，则得名、得利、得光耀。人尚未必感我，何也？谓我有势，帮人不难也。辱人，则受刑、受罚、受苦恼，人必恨我刺骨。何也？谓我倚势欺人太甚也。吾兄弟须从恕字痛下工夫，随在皆设身以处地。我要步步站得稳，须知他人也要站得稳。所谓立也。我要处处行得通，须知他人也要行得通。所谓达也。今日我处顺境，预想他日也有处逆境之时；今日我以盛气凌人，预想他日人亦以盛气凌我之身，或凌我之子孙。常以恕字自惕，常留余地处人，则荆棘少矣。

第八章 曾国藩的政治思想

第三十一节 离不开儒家的范围

曾国藩是一个读书人。不管从他的家世看来，从他的生活看来，以及从他的信仰看来，他是一个地道的“儒家”。因此他的政治思想，离不开儒家的范围。

儒家是依孔子为宗，所以孔子的政治思想，是曾国藩所信奉的。虽然因为曾国藩的时代，和孔子的时代相差几千年，所以许多地方容或有不同的思想，但在原则上说来，曾国藩的思想，大半是脱胎于孔子的政治思想。

在曾国藩的时代，少不得有一个君主的。曾国藩对于所谓“人君”，是有如何的一种要求呢？他说：

> 隋开皇之十二年，有司家府藏皆满；无所容，积于廊庑。曾不一纪，炀帝嗣位，东征高丽，南幸江都，遂至穷困。唐天宝之八载，帝观帑藏，金帛充牣，古今罕俦。曾不数年，禄山反叛，九庙焚毁，六飞播迁，遂以大变，故国之富不足恃，独恃有人主兢兢业业之一心耳。
>
> （《日记·辛亥七月》）

所以曾国藩认为政治的清明，最要紧是有一位“明主”。

可是一国的康泰，仅仅有一位“明主”还不够，还得有许多“贤臣”。他说：

> 李牧在赵，匈奴不侵；汲黯在朝，淮南寝谋。林甫为相，阁凤反；卢杞柄政，李怀光叛。反叛，非其本心也！故人君谨置左右之臣，其益于人国者，多矣！
>
> （《日记·辛亥七月》）

“忠君”和“爱国”，这是儒家政治中心。所以曾国藩尝说：“大君以生杀予夺之权授之督抚将帅，犹东家以银钱货物授之店中众伙。若保举太滥，视大君之名器不甚爱惜，犹之贱售浪费，视东家之货财不甚爱惜也！介之推曰：‘窃人之财，犹谓之盗，况贪天之功以为己力乎！’余则略改之曰：‘窃人之财，犹谓之盗，况假大君之名器以市一己之私恩乎！’余忝居高位，惟此事不能力挽颓风，深为渐愧。”所以他认为自己在政治上所该努力的，便是尽力使自己成为一个贤臣。

至于具备怎样的条件，才能称得上“贤臣”呢？第一当然是忠于君主。在他的家书中，他这种忠君思想时常流露。譬如当他荣邀禄位时。他说：“一门之内，迭被殊恩，无功无德，忝窃至此，惭悚何极？惟当同心努力，仍就‘拼命报国，侧身修行’八字上，切实做去。”他又认为君臣当推诚相见，不可稍有隔阂。所以他又说：“初膺开府重任，心中如有欲说之话，思自献于君父之前者，尽可随时陈奏。奏议是人臣最要之事，弟须加一番工夫。”

“贤臣”的第二要义，便是“爱民”。他曾说道：“默观近日之吏治人心，及各省之督抚将帅，天下似无戡定之理。吾惟以一‘勤’字报吾君，以‘爱民’二字报吾亲。”又说治世之道，专以“致贤”“养民”为本，也是这个道理。

曾国藩认为治国平天下的大道理，除掉“忠君爱国”和勉力做“贤臣”外，还有“神道设教”和“道德的束缚”。

曾国藩认为天下之大事，宜考究者，凡十四大类：“曰官制、曰财用、曰盐政、曰漕务、曰钱法、曰冠礼、曰婚礼、曰丧礼、曰祭礼、曰兵制、曰兵法、曰刑律、曰地舆、曰河渠。”

他为什么要把“丧礼”和“祭礼”立在天下之大事里呢？那就是含有神道设教的意义。从前的皇帝在登极和元旦日都要“祭天”，并且把祭祀看做极隆重的典礼，至少这些都是神权时代的遗传，而为儒家的政治家所认为极重要的事。但他们所主张的只限于“祭天”和“祭祀”二事，像佛教道教等崇拜偶像的举动，他们是“敬鬼神而远之”，是正人君子所加以排斥的。

至于礼义廉耻，是维持社会的公共信条，是约束人民的道德律。所以讲王道而排斥霸道的儒家政治，最崇尚的便是礼义廉耻。曾国藩的一生，他自己以礼义廉耻自矢，以礼义廉耻教人，以礼义廉耻治民。所以崇扬礼义廉耻，也是曾氏政治思想的要点。

附　录：

礼

古之君子之所以尽其心、养其性者，不可得而见；其修身、齐家、治国、平天下，则一秉乎礼。自内焉者言之，舍礼无所谓道德；自外焉者言之，舍礼无所谓政事。故六官经制大备，而以《周礼》名书。春秋之世，士大夫知礼、善说辞者，常足以服人而强国。战国以后，以仪文之琐为礼，是女叔齐之所讥也。荀卿张载兢兢以礼为务，可谓知本好古，不逐乎流俗。近世张尔岐氏作《中庸论》，凌廷堪氏作《复礼论》，亦有以窥见先王之大原。

秦蕙田氏辑《五礼通考》，以天文、算学录入为观象授时门；以地理、州郡录入为体国经野门；于著书之义例，则或驳而不精；其于古者经世之礼之无所不该，则未为失也。

第三十二节　和太平天国政治思想的根本冲突

曾国藩的政治思想是忠君爱民，是提倡礼义廉耻，是信奉先圣先贤，所以完全是儒家的思想。我们只要从他的《讨粤匪檄》，和太平天国的《奉天讨胡檄》一对照，便可以知道曾国藩的政治思想，根本和太平天国冲突。

太平天国的檄文。一开头便说："中国非胡虏之中国，乃上帝之中国。"上帝是什么？儒教中书籍虽有此名称，并且皇帝每年冬至有祭天典礼，但决非太平军所奉的上帝。曾国藩只知道中国是三皇五帝传下来的，是周公孔子教化养成的，是以儒家维护成的。中国人各人有各人的祖先，几千年来，都有谱谍可考。而太平天国的檄文上却说："公等世居中国，孰非上帝之子女！"在曾国藩一般读书人看来，完全出于意外。

清以少数民族而统治中国，这自然是曾国藩所清楚的。但那时清开国已历二百年，当年的创痕已经平复，曾国藩生长"世家"，从小在孔孟的"忠君爱国"的思想中长成，他们对于"君皇"的观念，以为是天意所在，倘若非其人选，天也决不会把人世间的统治权付托给他。所以他们对于君主，只有信仰，没有怀疑。

倘太平天国仅以打倒"胡虏"为号召，而不反对儒教，而不宣传"异端"，而不侮辱中国几千年传下来的礼义廉耻，也许少引起士大夫阶级的反感，也许不会引起曾国藩的武力抵抗，但事实却不然，所以曾国藩和洪秀全乃不免拼一个你死我活。

曾国藩檄文说："（太平天国）谓惟天可称父，此外凡民之父皆兄弟也，凡民之母皆姊妹也。”这样一来，简直把中国几千年来的人伦都推翻了。这非但负有领导社会责任的士大夫要起而反对，便是其他农工商也都反对的。

中国自古以来礼教治国，不问遭遇如何的变乱，而圣贤的书不可不读，圣贤的遗教不可不守。洪秀全排斥孔子的经书，而以基督教的经典为立国纲要，无怪乎曾国藩一班人要视为“名教之奇变”了。读书人所视为最得要的是“圣庙”，是“学宫”，是“祭祀”。可是太平军一到郴州，便把“学宫”烧去了，“木主”毁去了，甚至于连“关帝岳王之凛凛，亦皆污其宫室”。这些人伦之大变，无怪使曾国藩忍受不住而领导一班志同道合的人如胡林翼、左宗棠、李鸿章等出来“卫道”了。

宗教这个东西是最富有排他性的。儒教之所以不被人认为严格的宗教，便是它的“排他性”比较薄弱。所以在儒教盛行的中国，同时可以容纳道教和佛教。但这些——道教和佛教——都是消极的宗教，没有政治的野心，所以儒教能容纳他们。但一遇到积极的宗教，对社会和政治都有具体的显明的主张，像洪秀全所倡的宗教，那是儒教所万难容忍的。

所以曾国藩的和太平天国作对，并不专为儒教卫护，同时也为佛教道教抱不平，所以他用“以至佛寺道院，城隍社坛，无庙不焚，无像不灭”的话，来激起道释两教的同仇敌忾，形成对太平天国的联合战线。

太平天国的政治思想，除掉宗教以外，还有两件很重要的事情，是和曾国藩的政治思想根本冲突的。第一是田亩的分配，第二是历法的改订。

太平天国实行平均地权。把天下的田，都认为是上帝所有，再来分配各人。田分九等，有“尚尚田”、“尚中田”、“下下田”等名义。“凡男妇每一人，自十六岁以上受田，多逾十五岁以下者一半。如十六岁以上分尚尚田一亩，则十五岁以下分尚尚田五分。”又“一家六人，则分三人好田，分三人丑田；好丑各半”。又说：“凡天下田男女同耕，此处不足则迁彼处，彼处不足则迁此处。务使天下共享天父上主皇上帝大福，有田同耕，有饭同食，有衣同穿，有钱同使，无处不均匀，无人不饱暖也。”这种微带有社会主义的政治思想，当然不是封建社会中生长的曾国藩所能同意的。

又如历法。太平天国颁布的历法，既不合中国旧有的朔望旧制，也不和公历相符，乃是一种独创的历法：“以三百六十六日为一年，单月三十一日，双月三十日，立春、清明、芒种、立秋、寒露、大雪具十六日，余俱十五日。”所谓太阴历是中国数千年来的习惯，尤其在农事方面都以此为标准，现在太平天国把这个几千年来传统的历法取消，无怪乎要引起一般人的反对了。

曾国藩和太平天国的政治思想，既根本不同，而其宗教信仰，又如此悬殊，无怪乎不能容纳，而要生出敌对的行为来了。记得有一位日本学者说起，曾国藩和太平天国的战争，是一幕东方的宗教战争，这话实在有几分可信。

附　录：

讨粤匪檄

为传檄事。逆贼洪秀全、杨秀清称乱以来，于今五年矣。荼毒生灵数百余万，蹂躏州县五千余里。所过之境，船只无论大小，人民无论贫富，一概抢掠罄尽，寸草不留。其掳入贼中者，剥取衣服，搜刮银钱；银满五两而不献贼者，即行斩首。男子日给米一合，驱之临阵向前，驱之筑城浚壕。妇人日给米一合，驱之登陴守夜，驱之运米挑煤。妇女而不肯解脚者，则立斩其足以示众妇；船户而阴谋逃归者，则倒抬其尸以示众船。粤匪自处于安富尊荣，而视我两湖、三江被胁之人，曾犬豕牛马之不若。此其残忍惨酷，凡有血气者，未有闻之而不痛憾者也！

自唐虞三代以来，历世圣人，扶持名教，敦叙人伦，君臣父子，上下尊卑，秩然如冠履之不可倒置。粤匪窃外夷之绪，崇天主之教，自其伪君伪相，下逮兵卒贱役，皆以兄弟称之。谓惟天可称父，此外凡民之父，皆兄弟也；凡民之母，皆姊妹也。农不能自耕以纳赋，而谓田皆天王之田；商不能自贾以取息，而谓货皆天王之货；士不能诵孔子之经，而别有所谓耶苏之说、《新约》之书。举中国数千年礼义人伦、诗书典则，一旦扫地荡尽。此岂独我大清之变，乃开辟以来名教之奇变，我孔子、孟子之所痛哭于九原！凡读书识字者，又乌可袖手安坐，不思一为之所也！

自古生有功德，没则为神。王道治明，神道治幽。虽乱臣贼子、穷凶极丑，亦往往敬畏神祇。李自成至曲阜，不犯圣庙；张献忠至梓潼，亦祭文昌。粤匪焚郴州之学宫，毁宣圣之木主，十哲两庑，狼藉满地。嗣是所过郡县，先毁庙宇。即忠臣义士，如关帝、岳王之凛凛，亦皆污其宫室，残其身首。以至佛寺、道院、城隍、社坛，无庙不焚，无像不灭。斯又鬼神所共愤怒，欲一雪此憾于冥冥之中者也！

本部堂奉天子命，统师二万，水陆并进，誓将卧薪尝胆，殄此凶逆；救我被虏之船只，拔出被胁之民人。不特纾君父宵旰之勤劳，而且慰孔孟人伦之隐痛；不特为百万生灵报枉杀之仇，而且为上下神祇雪被辱之憾。是用传檄远近，咸使闻知：倘有血性男子，号召义旅，助我征剿者，本部堂引为心腹，酌给口粮；倘有抱道君子，痛天主教之横行中原，赫然奋怒，以卫吾道者，本部堂礼之幕府，待以宾师；倘有仗义仁人，捐银助饷者，千金以内给予实收部照，千金以上专摺奏请优叙；倘有久陷贼中，自拔来归，杀其头目，以城来降者，本部堂收之帐下，奏授官爵；倘有被胁经年，发长数寸，临降弃械，徒手归诚者，一概免死，资遣回籍。

在昔汉、唐、元、明之末，群盗如毛，皆由主昏政乱，莫能削平。今天子忧勤惕厉，敬天恤民，田不加赋，户不抽丁。以列圣深厚之仁，讨暴虐无赖之贼。无论迟速，终归灭亡，不待智者而明矣。若尔被胁之人，甘心从逆，抗拒天诛，大兵一压，玉石俱焚，亦不能更为分别也。

本部堂德薄能鲜，独仗“忠信”二字为行军之本。上有日月，下有鬼神；明有浩浩长江之水，幽有前此殉难各忠臣烈士之魂，实鉴吾心，咸听吾言，檄到如律令，无忽！

第九章　曾国藩的行政方法

第三十三节　作育人才

曾国藩在行政方面的贡献，最值得我们注意的，是他的“作育人才”的方法。

曾国藩认为天下没有人才，倘若你不去造成的话。他又认为天下到处是人才，倘若你到处留心造成人才。他说：“风俗之厚薄奚自乎？自乎一二人之心之所向而已。此一二人者之向义，则众人与之赴义；一二人者之心向利，则众人与之赴利。众人所趋，势之所归，虽有大力，莫之敢逆。今日君子之在势者，辄曰：‘天下无才’；彼自尸于高明之地，不克以己之所向，转移习俗，而翻谢曰无才，谓之不诬，可乎否也?”又说：“窃尝究观夫天之生斯人也，上智者不常，下愚者亦不常。扰扰万象，大率皆中材耳。中材者，导之东则东，导之西则西，习于善则善，习于恶则恶。”（《箴言·书院记》）

曾国藩既抱着“人才愈求则愈出，不求则不得”的态度，所以他便极力搜罗人才。他搜罗人才的方法，第一是“访求”，第二是“料理官车，摘由备查”，第三是“圈点京报”，第四是“注解缙绅”。从现代的目光来说，这是一本极详细的“人事资历簿”。这样一来，他对于用人便有了标准了。

国藩对于用人之道，最说得明白的是，道光三十年（1850）他在文宗登极所上的奏折。他说：“今昔所当讲求者，惟在用人：人才不乏，欲作育而激扬之，则赖皇上之妙用。有转移之道，有培养之方，有考察之法，三者不可缺一。见无才者，则勖之以学，以痛惩模棱疲软之习；见有才者，则愈勖之以学，以化其刚愎刻薄之偏。十年以后，人才必有起色，此转移之道也。所谓培养有数端：曰教诲，曰甄别，曰保举，曰超擢。”他在日记中又有很扼要的说话：“得人不外四事，曰：广收、慎用、勤教、严绳。”

曾国藩对于教育人才，是很有方法的。我们把他平日的一举一动，归并起来，他的教育人才的方法不外下列几种：

一、多讲话。他不厌反复，不厌求详，一次讲完，怕你不了解，再讲——总要你“耳熟能详”，不好意思不听依他的话。他练湘勇，和教将佐对士兵，也是要“勤口”、“多讲多辩”。

二、多见面。他对幕僚，每天一同吃早饭，俾大家见面多而情感周通。各地僚属，也时时召见。见面便“多问外事”，他以为这样不只“属官优劣粲呈，即长官浅深，亦可互见”，且含有极大的鼓励作用。

三、多写信。未能见面的时候，便多写信。

四、提示好榜样。他说：“凡做好人，做好官名将，具要好帅好友好榜样。”我们在他的书牍中，常见他乐道之人善，就是教对方去学好榜样。

（《见行政效率·第七号曾国藩的用人方法》）

曾国藩还有一种远大的目光，为常人所不及的，便是多选替手。他说：“办大事者，以多选替手为第一义。”这种为国求贤的精神，是曾国藩最伟大的地方。我们常常看见许多能力高强的伟人，因为不知多选“替手”，他在世的时候固然轰轰烈烈，等到他一去世，便“人亡政息”了。

曾国藩在军营之中，便竭力设法“造成独当一面之才，以为久远不败之地”。他不是要扩充势力，并且这样也只能使势力分化。他的目的在于作育人才，多选替手。他这选替手的思想，是从经验中得来的。

关于曾国藩的“知人善任”和“作育人才”，薛福成说得很详细。他说：

自昔多事之秋，无不以人才之众寡，判功效之广狭。曾国藩知人之鉴，超轶古今；或邂逅于风尘之中，一见以为伟器；或物色于形迹之表，确然许为异才。平日持议，常谓天下至大，事变至殷，决非一手一足之所能维持。故其振拔幽滞，宏奖人杰，尤属不遗余力。尝闻江忠源未达时，以公车入都谒见，款语移时。曾国藩目送之曰：“此人必立名天下，然当以节烈称。”后乃专疏保荐，以应求贤之诏。胡林翼以臬司统兵，隶曾国藩部下，即奏称其才胜己十倍，二人皆不次擢用，卓著忠勤。曾国藩经营军事，卒赖其助。

其在籍办团之始，若塔齐布、罗泽南、李续宾、李续宜、王珍、杨岳斌、彭玉麟，或聘自诸生，或拔自陇亩，或招自营伍，均以至诚相与，俾获各尽所长，内而幕僚，外而台局，均极一时之选。其余部下将士，或立功既久而浸至大显，或以血战成名，临敌死绥者，尤未易以悉数。最后遣刘松山一军入关，经曾国藩拔之列将之中，谓可独当一面，卒能扬威秦陇，功勋卓然。

曾国藩又谓人才以培养而出，器识以历练而成。故其取人，凡于兵事饷事文事有一长者，无不优加奖借，量材录用。将吏来谒．无不立时接见，殷勤训诲。或有难办之事，难言之隐，鲜不博访周知，代为筹画。别后则驰书告诫，有师弟督课之风，有父兄期望之意。非常之士，与自好之徒，皆乐为之用；虽桀骜贪诈，若李世贤、陈国瑞之流，苟有一节可用，必给以函牍，殷勤讽勉，奖其长而指其过，劝令痛改前非，不肯遽尔弃绝。此又其怜才之盛意，与造就之微权，相因而出者也。

（代李伯相拟陈督臣忠勋事实疏）

看了上面所述各节，可见曾国藩的时代，人才辈出，尤其他的幕府中，宾僚盛极一时，并不是偶然的事了。

附　录：

原　才

风俗之厚薄奚自乎？自乎一二人之心之所向而已。民之生，庸弱者，戢戢皆是也。有一二贤且智者，则众人君之而受命焉，尤智者所君尤众焉。此一二人者之心向义，则众人与之赴义；一二人者之心向利，则众人与之赴利。众人所趋，势之所归，虽有大力，莫之敢逆。故曰："挠万物者莫疾乎风。"风俗之于入之心，始乎微，而终乎不可御者也。先王之治天下，使贤者皆当路在势，其风民也皆以义，故道一而俗同。世教既衰，所谓一二人者，不尽在位，彼其心之所向，势不能不腾为口说，而播为声气。而众人者，势不能不听命，面蒸为习尚。于是乎徒党蔚起，而一时之人才出焉。有以仁义倡者，其徒党亦死仁义而不顾；有以功利倡者，其徒党亦死功利而不返。水流湿，火就燥，无感不雠，所从来久矣。今之君子之在势者，辄曰："天下无才。"彼自尸于高明之地，不克以己之所向，转移习俗，而陶铸一世之人。而翻谢曰"无才"，谓之不诬可乎？否也。十室之邑，有好义之士，其智足以移十人者，必能拔十人中之尤者而材之。其智足以移百人者，必能拔百人中之尤者而材之。

然则转移习俗而陶铸一世之人，非特处高明之地者然也。凡一命以上，皆与有责焉者也。有国家者，得吾说而存之，则将慎择与共天位之人；士大夫得吾说而存之，则将惴惴乎谨其心之所向，恐一不当，而坏风俗，而贼人才。循是为之，数十年之后，万有一收其效者乎，非所逆睹已。

才　德

司马温公曰："才德全尽，谓之圣人，才德兼亡，谓之愚人；德胜才谓之君子，才胜德谓之小人。"余谓德与才不可偏重。譬之于水，德在润下，才即其载物溉田之用；譬之于木，德在曲直，才即其舟楫栋梁之用。德若水之源，才即其波澜；德若木之根，才即其枝叶。德而无才以辅之则近于愚人，才而无德以主之则近于小人。世人多不甘以愚人自居，故自命每愿为有才者；世人多不欲与小人为缘，故观人每好取有德者，大较然也。二者既不可兼，与其无德而近于小人，毋宁无才而近于愚人。自修之方，观人之术，皆以此为衡可矣。吾生平短于才，爱我者或谬以德器相许，实则虽曾任艰巨，自问仅一愚人，幸不以私智诡谲凿其愚，尚可告后昆耳。

第三十四节　整饬吏治

国家的治乱，社会的安否，原因当然很多，但吏治的清浊实在是最重大的因素。

曾国藩的时代，是一个大乱的时代。大乱的起因，大半是"官逼民反"。吏治不修，在上者日事贪污，天下怎么不乱呢？所以曾国藩先见及此。在初年任职京官时，便兢兢以整饬吏治为念。等到后来做了两江总督，自己有了整饬吏治的权力，更努力实行，期于有成。

曾国藩的讲求吏治，并不是空口说话，他是具有整饬吏治的资格和决心的。做好官的不外乎“清”、“慎”、“勤”，他本身便具有清慎勤的资格。他既能以身作则，又能不顾一切大刀阔斧的做去，有了整饬吏治的决心、能力和办法，所以才能达到改革吏治的目的。

大抵要以武力平定一个地方，所做的工夫，只有三分军事，七分要用政治。曾国藩是带兵的人，不是专讲吏治的人，但他也很注意吏治，这便是在军事中得到的经验。他认为，“今日局势，若不从吏治人心上痛下工夫，涤肠荡胃，断无挽回之理。”所以他在用兵的时候，很注意政治的设施。

他整饬吏治的疗法，先从本身做出一个榜样。然后再从事于“选吏”、“察吏”、“训吏”、“恤吏”等整饬吏治的方法。

“选吏”便是尽心访求人才，破格选用。破除情面，不用私人，只问才不才，不问亲不亲。他说：“当常以求才为急；其沓冗者，虽至亲密友，不宜久留，恐贤者不愿共事一方也。”至于好吏的标准，第一是“爱民”，第二是“廉洁”。

“察吏”是官吏既被任命之后，须时加以考察，综核名实，以为奖惩的标准。关于察吏的方法，曾国藩认为须从“勤见僚属，多问外事”下手。他认为察吏的步骤是，“莅事伊始，其察之也不嫌过多，其发之也不宜过骤，务求平心静气考校精详，视委员之尤不职者撤参一二员。将司役之尤无良者痛惩一二辈。袁简斋云：‘多其察，少其发。’仆更加一语云：‘酷其罚。’三者并至，自然人知儆惧，可望振兴。”

“训吏”是在官吏就职的时候，给他们切实的指示。此后还要时时加以指导，使得他们有所遵循，不至日就荒嬉。曾国藩对于训吏，不愿意多用公文，认为公文不如私函来得闿切详明。他不仅用文字，常常不惜当面详细解说，千语万语，使其乐于为善去恶，兴利除弊。

“恤吏”是体恤官吏的艰难，能设身处地为官员着想，设法解决其困难，使好的官吏不至因此而消极，坏的官吏不至因此而作恶。又不强迫官吏做事实上难以办到的事，以免他们作伪搪塞，无补实际。又如官吏因公而死，或积劳致疾，便优予抚恤，以资奖励。

上面所述的方法，是曾国藩整饬吏治的纲要。曾国藩就用这个方法，造成一时清廉的吏治。

附　录：

清

《记》曰：“清明在躬。”吾人身心之间，须有一种清气。使子弟饮其和，乡党薰其德，庶几积善可以致祥。饮酒太多，则气必昏浊；说话太多，则神必躁扰。弟于此二弊，皆不能免。欲保清气，首贵饮酒有节，次贵说话不苟。

慎

古人曰钦、曰敬、曰谦、曰谨、曰虔恭、曰祇惧，皆慎字之义也。慎者，有所畏惮之谓也。居心不循天理，则畏天怒；作事不顺人情，则畏人言。少贱则畏父师，畏官长。老年则畏后生之窃议。高位则畏僚属之指摘。凡人方寸有所畏惮，则过必不大，鬼神必从而原之。若嬉游、斗牌等事而毫无忌惮，坏邻党之风气，作子孙之榜样，其所损者大矣。

第三十五节　清厘财政

曾国藩对于理财，并不是专家。但因为他带领兵勇，不能不注意饷项的来源；又因为他为人事事留心，所以他对于财政的整理，所说所行的都还和专家不差多远。

理财的办法，说来说去，不外乎“开源”和“节流”两个方法。而曾国藩所注意的，尤其在“节流”；所以他在减冗员和裁浮费方面，尤其注意，他说，切莫以为这是小事，和国计民生实在有很大的关系。

至于具体的事情，曾国藩注意的有两件，一件是“厘卡”，另一件是“盐务”。

咸丰军兴后，军饷无着，最初还可维持，其后困难更甚。于是便想到设卡抽厘助饷的办法。初值百抽一后来加到值百抽五，甚至有时候加到值百抽十，因为漫无限制，加以弊端百出，所以商旅病甚。

曾国藩很留心厘卡的弊端，他在《覆李黼堂书》中曾说：

> 卡弊不除，则为害甚巨，理财之道，莫患乎上不归官，下不归民，而归于中饱之蠹，漏卮日泄，饷源日亏，来书历历指摘，自系确有所见，若虑防弊，反以作弊，遂谓无可信之人，无可行之法，则是因噎而废食，岂能变通而尽利？

所以他认为江西厘务，立法不为不密，只因各卡的贤员过少，因此弊端百出，他认为卡员折报，患在条例太繁，不知愈简愈妙。所以他想出种种方法来，慎重卡吏的人选，防止卡吏的弊端，以救时弊。关于“盐务”一事，他更有详细的观察。他说：

> 盐务利弊，万言难尽，然扼要亦不过数语。太平之世两语，曰：“出处防偷漏，售处防侵占。”乱离之世两语，曰：“暗贩抽散厘，明贩收总税。”何谓出处防偷漏？盐出于海滨场灶，商贩赴场买盐，每斤完盐价二三文，交灶丁收，纳官课五六文，交院

司收，其有专完竈丁之盐价，不纳院司之官课者，谓之私盐，即偷漏也。何谓售处防侵占？如两湖江西，均系应销淮盐引之地；主持淮政者，即须霸住三省之地，只许民食淮盐，不许鄂民食川私，湘民食粤私，江民食闽私。亦不许川粤闽各贩，侵我淮地，此所谓防侵占也。何谓暗贩抽散厘？军兴以来，细民在下游贩盐，经过贼中金陵安庆等处，售于上游华阳吴城武穴等处，无引无票无照，是为暗贩；无论贼卡官卡，到处完厘，是谓抽厘也。何谓明贩收总税？去年官帅给票与商人和意诚号，本年乔公给标与商人和骏发号，目下余亦给票与和骏发，皆令其在泰州运盐，在连司纳课，用洋船过九洑州，在于上游售卖。售于湖北者，在安庆收税，每斤十文半，在武昌收九文半。售于江西者，在安庆每斤收十四文，在吴城收八文。此即谓明贩收总税也。

（《家书》）

曾国藩对于清厘财政，虽没有多少了不起的贡献，但从他对于“厘卡”和“盐务”的研究，可见他对于财政是很注意的；他对于财政方面的弊端，是极清楚的。

附　录：

才　用

虽有良药，苟不当于病，不逮下品；虽有贤才，苟不适于用，不逮庸流。梁丽可以冲城，而不可以窒穴；牛不可以捕鼠，骐骥不可以守闾。千金之剑以之析薪，则不如斧；三代之鼎以之垦田，则不如耜。当其时当其事，则凡材亦奏神奇之效，否则钮铻而终无所成。故世不患无才，患用才者不能器使而适宜也。魏无知论陈平曰："今有尾生孝己之行，而无益胜负之数，陛下何暇用之乎？"当战争之世，苟无益胜负之数，虽盛德亦无所用之。余生平好用忠实者流，今老矣，始知药之多不当于病也。

第三十六节　讲立法度

"刑乱用重"这是中国古来的一句名言。因为在乱世的时候，社会的道德失去了维系力，法律也失掉约束力，非用重刑，不足以警惕不法的分子，维持社会的安宁。

曾国藩生当乱世，在他没有出来的时候，社会承平日久，上下习于荒嬉，法律也失去它固有的尊严，等到他出来之后，社会已经大乱。一般执法者不失之过宽，便失之过严；法律不足以制乱，反足以造乱，所以他一出来，便从讲立法度上入手。

他对于许多扰乱社会安宁的分子，主张立即予以严厉的有效处分，绝不稍加姑息。他说：

三四十年来，一种风气；凡凶顽丑类，概优容而待以不死。自谓宽厚载福，而不知万事堕坏于冥昧之中，浸溃以酿今日之流寇，岂复可阘弱宽纵，令鼠子蜂起？

三四十年来，应杀不杀之人，充满山谷，遂以酿成今日流寇之祸，岂复可姑息优容，养贼作子，重兴萌蘖而贻大患乎？

二三十年来，应办不办之案，应杀不杀之人，充塞于郡县山谷之间。民见夫命案盗案之首犯，皆得逃遥法外，固已藐视王章而弁髦官长矣。及见夫粤匪之横行，土匪之屡发，乃益嚣然不靖，痞棍四出，劫抢风气，各霸一方，凌籍小民而鱼肉之。鄙意以为宜大加惩创，择其残害于乡里者，重则处以斩枭，轻亦立毙

> 杖下。戮其尤凶横者，而其党始稍戢；诛其尤害民者，而良民始稍息。但求于孱弱之百姓，少得安恬，即吾身得武健严酷之名，或有损于阴骘慈详之说，亦不敢辞。

所以他就在长沙设立“审案局”，凡有为非作恶，被人控告或扭解来局。重则立决，轻则毙之杖下，又轻鞭之千百。曾国藩这样雷厉风行的办起来，因此得了“曾剃头”的雅号，虽然引起许多人的不满，但严肃的法度终于确立了。曾国藩为自己解辩说：“世风既薄，人人各挟不靖之志。平居造作谣言，幸四方有事，而欲为乱。稍待之以宽仁，愈嚣然自肆，白昼劫掠都市，视官长蔑如也。不治以严刑峻法，则鼠子纷起，将来无复措手之处，是以一意残忍，冀回颓风于万一。书生岂解好杀？要以时势所迫，非是则无以锄强暴而安我孱弱之民。”所以曾国藩虽以书生，也不得不耽待一个“好杀”之名了。

但他的讲立法度，刑乱用重，是有条件的。所以他说：“用法从严，非漫无条律，一师屠伯之为。要以精微之意，行吾威厉之事，期于死者无怨，生者知警，而后寸心乃安。”换句话说，曾国藩以为衡法宜公，执法宜慎，万不可黑白不分，鲁莽从事。

曾国藩是带兵的人，他的讲立法度所以具有成效。固然因为他的权力大，可以推行；也未尝不是因为他的治军严密的缘故。曾国藩对于逃兵逃勇有扰乱民间的事，都格杀勿论，凡兵勇与百姓交涉，总是伸民气而抑兵勇。因为他的军纪严肃，所以他的法令能行。

他在吏治方面，虽然很注意人才，也很注意法治。他说：“吏治，有常者也，可先立法而后求人。”他虽然很知道作育人才，但也晓得人才终不可久恃，也不可多得，不像法度既立，便能推之四方而无阻，传之久远而不灭。换句话说，人才是有时间性和空间性的，而法度则无时间和空间的限制。曾国藩晚年在吏治方面多立法度，便是由于这个缘故。

附　录：

赦

牧马者，去其害马者而已；牧羊者，去其乱群者而已。牧民之道，何独不然。诸葛武侯治蜀，有言公惜赦者。答曰：“治世以大德，不以小惠。故匡衡、吴汉不愿为赦。先帝亦言：‘吾周旋陈元方、郑康成间。每见启告治乱之道悉矣，曾不语赦也。若刘景升季玉父子，岁岁赦宥。何益于治？’”蜀人称亮之贤。厥后费祎秉政，大赦。河南孟光责祎曰：“夫也。”国藩尝见家有不肖之子，其父曲宥其过，众子相率而日流于不肖。又见军士有失律者，主者鞭责不及数，又故轻贳之。厥后众士傲慢，常戏侮其管辖之官。故知小仁者，大仁之贼，多赦不可以治民，溺爱不可以治家，宽纵不可治军。

第三十七节　振兴教育

曾国藩一生花费在教育事业上的精力，可以说是很少，所以振兴教育在曾国藩的一生的事业中，仅占极小部分。为什么呢？这是因为曾国藩的大部分时间，都用在扑灭太平天国的军事上。一直等到同治年间，内乱平息，他自己做了封疆大吏，在整饬吏治和清理财政之余，出其余力以做振兴教育的工作。

大凡大乱之后，办理政治的人都知道教育的重要。因为教育含有感化的作用，这种作用不是军事或是政治所能办到的，又因为教育是百年大计，社会经大乱之后，这种深长的政策是不可缺少的。

曾国藩在同治三年攻破南京，即两江总督任后，便举行一次乡试，使四方士子来归，这就是重视教育的意思，虽然那时的“科举”距离现代所谓教育原理远得很。

同治十年（1871）七月，曾国藩和李鸿章倡议派幼童出洋肄业。他们计划：“拟率员在沪设局，经访各省聪颖幼童，每年以三十名为率，四年计一百二十名，分年搭船出洋，在外国肄业十五年后，按年分起，挨次回华。计回华之日，各幼童不过三十岁上下，年力方强，正可及时报效。通计费用，首尾二十年，需银百十万两，然此款不必一时凑拨，分析计之，每年接济六万两，尚不觉其过难。”后来由刑部主事陈兰彬、江苏同知容闳为监督，常川驻美，经理一切，赴美儿童，先后共百五十人，直到光绪年间才停止。

梁启超在政变原因答客难中，对曾国藩、李鸿章此种举动，曾有批评说：

> 以教育论之，但教育方言，以供翻译，不授政治之科，不修学艺之术，能养人才乎？科举不变，荣途不外士夫之家，聪颖子弟，皆以入学为耻，能得高材乎？如是，则有学堂如无学堂。且也学堂之中，不事德育，不讲爱国，故堂中生徒，但染欧西下等人之恶风，不复知有本国，贤者则为洋佣以求衣食，不肖者且为汉奸以倾国基。如是，则有学堂反不如无学堂。然则前此所谓改革者，所谓温和主义者，其成效固已可睹矣！夫此诸事者，则三十年来名臣曾国藩、李鸿章、张之洞之徒，所竭力而始成之者也；然其效乃若此！

认为欧西各国的富强由于船坚炮利，欧学除器械外无他物，因此他们认为学西学，只要学这一点皮毛，这是曾国藩的错误处，不过他们派出的学生，后来学成归国的，有詹天佑、严复等。对于我国学术上不能说没有相当的贡献，这一点我们不能不承认。

自从曾国藩等开始了“留学制度”后，历年以来中国不晓得派送了多少留学生。这个“留学制度”的好坏，直到现在还人言人殊，我们一时不能加以适当的估价。但在曾国藩那时，居然有承认西学的存在，和派送幼童出洋的见识，不能不说是开明的思想，而曾国藩当时提倡教育的热心，是不可抹煞的。

第三十八节 救济民生

“政治之首要在民生。”曾国藩对于民生问题，一向便很注意。在他晚年做官的时候，固然很讲求救济民生，便是在他少年时，做京官以及中年时打仗的时候，也很注意民生的救济。

他为什么要这样讲究救济民生呢？第一是因为当曾国藩之世，天灾人祸，民不聊生，曾氏目睹人民的艰难困苦，不得不竭力为贫民设法。第二是曾国藩不得已而带兵，“以杀人为业，择业已是不慎”，倘若再不竭力救济民生，实在在人道上说不过去。

曾国藩救济民生的方法：

（一）社仓制。什么是“社仓制”呢？曾国藩他自己说：“予又思得一法，如朱子‘社仓’之制，若能仿而行之，则更为可久。朱子之制，先捐谷数十石，或数百石，贮一公仓内。青黄不接之月，借贷与饥民，冬月取息二分收还（每石加二斗）。若遇小歉，则蠲其息之半（每石加一斗）；大凶年，则全蠲之（借一石，还一石），但取谷耗三升而已。朱子此法，行之福建，其后天下法之，后世效之，今各县所谓‘社仓谷’者是也。其实名存实亡，每遇凶年，小民曾不得惜贷粒谷。且并社仓而无之，仅有常平仓谷，前后任尚算交代，小民亦不得过而问焉。盖事经官吏，则良法美政，后皆归于子虚乌有。国藩今欲取社仓之法，而私行之我境。我家先捐谷二十石，附近各富家，亦劝其量为捐谷。于夏月借与贫户，秋冬月取一分收还（每石加一斗），丰年不增，凶年不减。凡贫户来借者，须于四月初间，告知经管社仓之人。经管人量谷之多少，分布于各借户，令每人书券一纸。冬月还谷销券。如有不还者，同社皆理斥议罚加倍，以后每年我家量力添捐几石。或有地主争讼理曲者，罚令量捐社谷少许，每年增加，不过十年，可积至数百石，则我境可无饥民矣。盖夏月谷价昂贵，秋冬价渐平落，数月之内，一转移之间，而贫民已大占便宜，受惠无量矣！”

咸丰元年湖南荒凶，曾国藩那时在北京做京官，因关心乡里贫民，而想到朱子社仓的制度，写信告诉他的几位阿弟，叫他们在家乡试办。

（二）平粜法。“平粜有四种：（甲）有歉收时，发粜以济民食；（乙）青黄不接时减粜以平市价；（丙）谷难久贮，出粜以易新；（丁）巡幸所至特举平粜，在平价与易新之粜，仅用本地谷，不具载。当歉岁发粜时，有散赈而且兼平粜者；有本地仓储不足，佐以采买者；有拨用邻疆仓贮和截留漕粮平粜者。大概灾轻发近仓，歉甚，兼行数法。平粜法须先清查户口，就各村保举公正殷实董事，或出来减粜，或捐资买米，先期给票，每晨验票，给粜，各乡广为设局，而在局的人员，须得乡由谨愿者方能收效。”以上是平粜的办法。

（三）设粥厂。设粥厂诚然不是救济民生的根本办法，但确是不可少的治标办法。

同治初年，苏、皖、鄂、赣一带清军和太平军交战的地方，经过十多年的战争，几十次的浩劫，地方糜烂，人民辗转流离，困苦不堪。曾国藩说：“兵勇尚有米可食，皖南百姓则皆人食人肉矣。自三月一日起设粥厂七处，以救饥民，大约每厂可活三千人，不无小补。”（《同治元年三月四日与澄弟书》）其后灾情重大的地方都广为设置，一直等到太平军扑灭后，地方元气恢复时才止。

曾国藩救济民生的方法，我们因为拿不到证据，所以不敢断定他有无成绩。要是有成绩的话，其成绩到何程度。这些我们都没有方法知道。不过曾国藩虽居大位，尚知民间疾苦，这一点是可以断言的。

第三十九节　厉行建设

当大乱之后，军事时期告终，最要紧的事情，莫过于“厉行建设”了。

曾国藩在建设事业上的最大贡献，便是努力扩充制造事业。

外国人所造的轮船，曾国藩本来是不大看重它的。因为他认为打仗之道，人力比器力还重要。他的湘军便是拼命苦干，不借重于器械的淫巧的。但是事实告诉他，轮船确具有惊人的能力。外国人驾了一艘小军舰，从上海到汉口，经过清军和太平军的防地。毫无阻挡，谁也奈何他不得。清军的借重轮船，先是运送淮军从安庆穿过太平军防地而到上海，后来是利用内河小轮进攻苏州一带。从这好多次的功效，引起曾国藩创设制造事业的决心。

同治二年（1863）间，曾国藩驻军安庆，便设局试造洋器。以汉人为主，未用外人，造成“黄鹄”号小轮一艘，因不得法，所以行驶很缓。于是曾国藩便在同治二年冬派候补同知容闳，到美国去购买机器，有扩充的意思。

同治四年五月，曾国藩在上海买到机器一座，委派知府冯俊光、沈保靖等，开铁厂于虹口，容闳购运机器到后，便并为一局。李鸿章继之，在同治四年创江南总局于上海。同治六年的夏天，在高昌庙购地十七余亩，作为制造总局的厂址，同治七年后扩充到二百多亩，当时已成，各厂有汽炉、机器、熟铁、洋枪、木工、铸铜铁等。据制造局记说：“同治四年创办之初，厂中机器，均未完备，先就原有机器推广。造成大小机器三十余座，用以铸造枪炮炸弹。六年造轮船‘恬吉’号。”直到如今，上海制造局还是我国的主要制造厂，推根溯源，曾国藩是一个创办者。

曾国藩对于修濬河道，也十分注意。他认为黄河和运河为患的原因，有如下述：

（甲）黄河初次经微湖之涣涤，自当稍清，若灌湖既久，则湖波不足以资刷涤，恐全黄入运，运道不免受其淤。

（乙）自微湖以至清河，运道五六百里，上流为黄河所经，则虑其淤塞，下流为所不经，则虑其断流。

（丙）启上游峰山、符祥、五端等闸，灌入洪湖。于是全湖之底，北常高而南常洼，至前年启放吴堡，而湘底之北边愈高，惟北底苦高，故水少，则道有淤塞之患。惟南面苦洼，故风大则石堤有掣损之患。

（《曾国藩名言类钞》）

治运是两江总督的责任，治黄是直隶总督的责任。曾国藩做了两次两江总督，一次直隶总督。所以他对于治运与治黄，都有积极的进行。他进行的方法是：

一、注重人才。治河的人才最难得，没有本领的人固不能胜任，有本领而不廉洁的人更不行。因为中国自从治河，黑幕重重，许多人都以此为发财机会，于是偷工减料，一旦决口，淹没千里。所以曾国藩对于治河的人选，极为注意。

二、注意方法。黄河和运河是有联带关系的。当黄、运泛滥时，苏北、皖北、山东凡在黄河下游，洪湖流域和淮水运河间的地方，都是受害的区域。曾国藩的治水方法有三：（一）修六坝以泄全湖之暴涨；（二）排引河直挖濬湖之北底，以疏引湖入运之路；（三）后王营灭坝，以掣低黄河之面。

第十章 曾国藩的治兵方略

第四十节 驭 将

曾国藩以文人而带兵，居然把太平天国扑灭，一般人都很希奇。其实我们只要一看他的治兵方略，便知道他对于那时的军事学，很有精密的研究，远非一般愚勇武将可比。

中国人称文人带兵的，或武将而兼懂文事的，叫做“儒将”。曾国藩堪称儒将，他不独像一般儒将的懂得作战的技巧，尤其有驭将的本领。石达开称：“曾国藩虽不以善战名，而能识拔贤将，规画精严，无间可寻，大帅如此，实起事以来所未见。”这几句话，可以算得知己之言。

曾国藩的识拔将才，他有一个标准。他说：

带兵之人：第一，要才堪治民；第二，要不怕死；第三，要不急名利；第四，要耐受辛苦。治民之才，不外“公”、“明”、“勤”三字。不公、不明则兵不悦服；不勤，则营务细巨皆废弛不治，故第一要务在此。不怕死，则临阵当先，士卒乃可效命，故次之。为名利而出者，保举稍迟则怨，稍不如意则怨，与同辈争薪水，与士卒争毫厘，故又次之。身体羸弱者，过劳则病；精神乏短者，久用则散；故又次之，四者似过于求备，而苟阙其一，则万不可带兵。故弟尝谓：“带兵须智深勇沉之士，文经武纬之才。”

曾国藩对于将才的标准，定得很是严格，他也很感觉将才的不易多得。他说：

> 凡将才有四大端：一曰，知人善任；二曰，善觇敌情；三曰，临阵胆识；四曰，营务整齐。吾所见诸将，于三者略得梗概；至于善觇敌情，则绝无其人。古之觇敌者，不特知贼首之性情伎俩，而并知某贼与某贼不和，某贼与伪主不协；今则不见此等好手矣！即以此四大端，察同寮及麾下之人才，第一第二端，不可求之于弁目散勇中；第三第四端，则末弁中亦未始无材也。

他既感觉将才难得，因此便在选用方面，竭力降格以求；而在训练方面，亟讲培植之道，何以见得他降格选将呢？有人问曾国藩以选将之法，曾国藩回答他说："要以衡才不拘一格，论事不求苟细：无因寸朽而弃连抱，无施数罟以失巨鳞。"他对于古人论将，几于百长并集，一短难容，表示深切的怀疑。

至于他训练将才的方法，不外用书信或言语，告诉他们怎么样治兵，尤其注意他们的操守。曾国藩认为起早是将领的天职。所以他说："未有主帅晏，而将弁能早者也；犹之一家之中，未有家长晏，而子弟能早者也。"他不怕烦琐的殷勤劝告，卒能获得将士的用命。

曾国藩的驭将，有两个很简单但又很难做到的方法。第一是"论功则推以让人"，第二是"任劳则引为己责"。

军营中最忌的是将士争功，内部不和。倘若将士不和，遇敌未有不战败的。曾国藩懂得这个道理，加以他自己的胸襟广阔，不太看重名利，对于一切战功，都让给各位将士。将士见主帅如此谦让，自然不好意思互相争功，盛德所感，大家都愿效死力。所以安庆克复，推功于胡林翼的筹谋、多隆阿的苦战。金陵克复，又推功诸将，谈及僧格林沁、李鸿章、左宗棠等人，自己说十不及一，其谦让如此，无怪将士的乐于用命了。

军营中最忌的是见事推诿，畏难不进。曾国藩对于艰巨的工作，往往身先士卒，所以将士见主帅如此，也只得遇事争先了。不久后，盛德所感，自然成为一时的风气。湘军将领的能忍苦负重，一半固是天性，一半实在是曾国藩驭将得法，有以致之。

曾国藩驭将的天才，是“知人善任”。他能量某人的才略，给他以称职的工作。譬如他深知塔齐布、罗泽南的忠勇，叫他们打先锋当头阵；又知道左宗棠、李鸿章有独当一面之才，所以叫左宗棠平浙江，叫李鸿章平江苏。不埋没将士之才，并能用其所长，这是驭将的不二法门。

曾国藩除善于“用将”之外，还懂得怎样去“恤将”。他决不摆起元帅的臭架子，置将士的困难于不顾。凡将士来谒，无不立时接见，殷勤慰问。或遇将士有难办的事情，难言的隐情，他必定详细询问，代为计划。这样能设身处地为将领解决困难的元帅，才有奋不顾身誓死相报的将士，这是毫无疑问的。何况“别后则驰书告诫，有师弟督课之风，有父兄期望之意”，无怪乎“非常之士，与自好之徒，皆乐为之用”了。

附　录：

阳　刚

汉初功臣惟樊哙气质较粗，不能与诸贤并论，淮阴侯所羞与为伍者也。然吾观其人有不可及者二：沛公初入成阳，见秦宫室帷帐，狗马重宝，妇女以千数，意欲留居之。哙辄谏止，谓此奢丽之物，乃秦之所以亡，愿急还霸上，无留宫中，一也。高祖病卧禁中，诏户者：无得入群臣！哙独排闼直入，谏之以昔何其勇，今何其惫，且引赵高之事以为鉴，二也。此二事者，乃不愧大人格君心者之所为。盖人禀阳刚之气最厚者，其达于事理必有不可掩之伟论，其见于仪度必有不可犯之英风，哙之鸿门披帷，拔剑割彘，与夫霸上还军之请，病中排闼之谏，皆阳刚之气之所为也。未有无阳刚之气，而能大有立于世者。有志之君子养之无害可耳。

第四十一节　治　兵

在太平天国起事以前，清的绿营旗兵腐败不堪。所以太平军以新兴势力，得以无敌。曾国藩感慨地说："今日之兵，极可伤恨者，在'败不相救'四字。彼营出队，此营张目而旁观，哆口而微笑。见其胜则深妒之，恐其得赏银，恐其获保奏；见其败则袖手不顾，虽全军覆没，亦无一人出而援手，拯救于生死呼吸之顷者，以仆所闻，在在皆然。"所以他创立湘军，一扫此种颓丧的风气，建立起严肃的军纪。

曾国藩治兵的方法，第一是勤劳，第二是仁爱，第三是严肃。在这里我们不妨把这三件事略加解说。

战争是一件劳苦的事，有时在冰天雪地中奔驰，有时在盛暑烈日下作战，有时在雨雪中露营，有时清晨深宵行军，倘若不是精神体力训练有素的人，决不能支持得住。所以习劳忍苦，是治兵的要诀。曾国藩深晓得这个道理，他说：

治军之道，以勤字为先，身勤则强，逸则病；家勤则兴，懒则衰；国勤则治，怠则乱；军勤则胜，惰则败。惰者，暮气也，常常提其朝气为要。

（《日记·己未二月》）

治军以勤字为先，由阅历知其不可易。未有平日不早起，而临敌忽能早起者；未有平日不习劳，而临敌忽能习劳者；未有平日不能忍饥耐寒，而临敌忽能忍饥耐寒者。吾辈当共习勤劳，始之以愧厉，继之以痛惩。

曾国藩便根据上述的话，用训导和警诫的方法，确立了湘军能耐劳吃苦的作风，为全国所景从。

军人以军营为第二家庭，家长对其子弟没有不仁爱的，所以长官对士兵，也应该仁爱相待。因为感情的力量，比威严还要有力。曾国藩的带兵，便是很在仁爱上着力的。他以为：

带兵之道，用恩莫如用仁，用威莫如用礼。仁者，所谓欲立立人，欲达达人是也。待弁兵如待子弟之心，常望其发达，望其成立，则人知恩矣。礼者，所谓无众寡，无大小，无敢慢，泰而不骄也。正其衣冠，尊其瞻视，俨然人望而畏之，威而不猛也。持之以敬，临之以壮，无形无声之际，常有凛然难犯之象，则人知威矣。守斯二者，虽蛮陌之邦行矣，何兵之不可治哉？

（《日记·己未八月三日》）

他又说：

吾辈带兵，如父兄之带子弟一般。无银钱，无保举，尚是小事，切不可使之因扰民而坏品行，因嫖赌洋烟而坏身体。个个学好，人人成材，则兵勇感恩，兵勇之父母亦感恩矣！

带兵像父母带子弟一般，实在是最贴切的治兵要略。将帅对兵士如父母对子弟，兵士对将帅，一定也像子弟对父母，这是毫无疑问的。

什么是“严肃”呢？这就是曾国藩所谓“哀兵”。他说：

> 兵者，阴事也，哀戚之意，如临亲丧，肃敬之心，如承大祭，庶为近之。今以羊牛犬豕而就屠烹，仁者将有所不忍，以人命为浪博轻掷之物，哀矜之不遑，喜于何有？故军中不宜有欢欣之象；有欢欣之象者，无论或为和悦，或为骄盈，终归于败而已矣！田单之在即墨，将军有死之心，士卒无生之气，此所以破燕也。及其攻狄也，黄金横带，而骋乎淄渑之间，有生之乐，无死之心，鲁仲连策其必不胜。兵事之宜惨戚，不宜欢欣，亦明矣！

此外曾氏的讲求“严肃”实包括纪律的意思。曾国藩认为兵有骄气，是覆败之兆。所以他以为贤明的长官，应该时时察看军队的有无骄气，以谋取补救。他又因民间倡为谣言，说清军没有太平军的纪律好，他听了这话，深恐民心一去，不可挽回，要想把湘军练成秋毫无犯，反复申说，要他们勿扰百姓。又不许士卒有一人闲言闲语，稍触别营，以免发生争端，而肃军纪。他认为注意纪律，应该从日用眠食上下手，尤其要脚踏实地，克勤小物，而后才能见效。

曾国藩对其部下，虽讲仁爱，但决不姑息。他以为，“凡善将兵者，日日申诫将领，训练士卒，遇有战阵小挫，则于其将领，责之戒之，甚者或杀之，或且泣且教，终日絮聒不休，正所以爱其部曲，保其本营之门面声名也。不善将兵者，不责本营之将弁，而妒他军之胜，己不求部下之自强，而但恭维上司，应酬朋友，以要求名誉，则计更左矣！”所以曾国藩的治兵，是深得恩威并济的要诀的。

附　录：

英雄诫子弟

古之英雄，意量恢拓，规模宏远，而其训诫子弟，恒有恭谨敛退之象。

刘先主临终敕太子曰：“勉之！勉之！勿以恶小而为之，勿以善小而不为。惟贤惟德，可以服人。汝父德薄，不足效也。汝与丞相从事，事之如父！”西凉李嵩手令戒诸子，以为“从政者，当审慎赏罚，勿任爱憎，近忠正，远佞谀，勿使左右窃弄威福。毁誉之来，当研核真伪。听讼折狱，必和颜任理，慎勿逆诈亿必，轻加声色，务广咨询，勿自专用。吾莅事五年，虽未能息民，然含垢匿瑕，朝为寇仇，夕委心膂，粗无负于新旧。事任公平，坦然无类，初不容怀有所损益。计近则如不足，经远乃为有馀。庶亦无愧前人也。”宋文帝以弟江夏王义恭都督荆湘等八州诸军事，为书诫之曰：“天下艰难，国家事重，虽曰守成，实亦未易，隆替安危，在吾曹耳！岂可不感寻王业，大惧负荷！汝性褊急，志之所滞，其欲必行；意所不存，从物回改，此最弊事！宜念裁抑。卫青遇士大夫以礼，与小人有恩，西门安于矫性齐美。关羽、张飞，任偏同弊。行已举事，深宜鉴此！若事异今日，嗣子幼蒙，司徒当周公之事，汝不可不尽祇顺之理。尔时天下安危，决汝二人耳！汝一月自用钱，不可过三十万。若能省此益美。西楚府舍，略所谙究，计当不须改作，日求新异。凡讯狱多决，当时难可逆虑，此实为难。至讯日，虚怀博尽，慎无以喜怒加人！能择善者而从之，美自归已；不可专意自决，以矜独断之明也。名器深宜慎惜，不可妄以假人，昵近爵赐，尤应裁量。吾于左右，虽为少恩，如闻外论，不以为非也。以贵凌物，物不服；以威加人，人不厌。此易达事耳。声乐嬉游，不宜令过。蒱酒渔猎，一切勿为；供用奉身，皆有节度。奇服异器，不宜兴长。又宜数引见佐史，相见不数，则彼我不亲。不亲，无因得尽人情；人情不尽，复何由知众事也。”数君者，皆雄于大略，有经营四海之志，而其教诫子弟，则约旨卑思，敛抑已甚。

伏波将军马援，亦旷代英杰。而其诫兄子书曰：“吾欲汝曹闻人过失，如闻父母之名。耳可得闻，口不可得言也。好议论人长短，妄是非政法，此吾所大恶也，宁死不愿子孙有此行也！龙伯高敦厚周慎，口无择言，谦约节俭，廉公有威。吾爱之重之！愿汝曹效之！杜季良豪侠好义，忧人之忧，乐人之乐，父丧致客，数郡毕至。吾爱之重之！不愿汝曹效也！效伯高不得，犹为谨敕之士，所谓刻鹄不成尚类鹜者也。效季良不得，陷为天下轻薄子，所谓画虎不成反类狗者也。”此亦谦谨自将，敛其高远之怀，即于卑迩之道。盖不如是，则不足以自致于久大。藏之不密，则放之不准。苏轼诗：“始知真放本精微。”即此义也。

第四十二节 战 术

曾国藩虽不能亲临前敌，自己打仗，但他对于战略战术，是很有研究的。他能指挥他的将士，依照他的战略战术，战胜敌军。现在把他的战略战术，略述如下：

曾国藩是很注意战略战术的。他在营中的时候，告诫他的将领说：“宁可数月不开一仗，不可开仗而毫无安排计算。”但他虽讲究战术，却不愿意用奇蹈险。他的行军的特点，便是一个“稳”字。稳就是谨慎，现在把曾国藩的话稍写一些，以看出他行军谨慎的情形。

大抵平日非至稳之兵，必不可轻用险着；平日非至正之道，必不可轻用奇谋。然则稳也，正也，人事之力行于平日者也，险也，奇也，天机之凑泊于临时者也。

（《曾胡治兵语录》）

贼初来之日，不必出队与战，但在营内静看，看其强弱虚实。看得千准万准，可打则出营打仗；不可打则始终坚守营盘，或有几分把握。

（《曾胡治兵语录》）

凡用兵之道，本强而故示敌以弱者，多胜；本弱而故示敌以强者，多败。敌加于我，审量而后应之者，多胜；漫无审量，轻以兵加于敌者，反败。

（《曾胡治兵语录》）

曾国藩又从这谨慎的战略，推而为主客之说。他说作战时守者为主，攻者为客；主逸而客劳，主胜而客败。尤以攻击坚城为戒。据蔡松坡说，曾氏不主攻坚城的策略，和普法战争法国军事学家所主张的相同。关于主客之说，曾国藩的话如下：

凡用兵，主客奇正，夫人而能言之，未必果能知之也。守城者为主，攻者为客，守营垒者为主，攻者为客；中途相遇先至战地者为主，后至者为客；两军相持，先呐喊放枪为客，后呐喊放枪为主；两人持矛相格斗，先动手戳第一下者为客，后动手即格开而即戳者为主。

（《日记·己未》）

> 凡出队，有宜速者，有宜迟者。宜速者，我去寻敌，先发制人者也。宜迟者，贼来寻找以待客者也。主气常静，客气常动；客气先盛而后衰，主气先老而后壮。故善用兵者，最喜为主，不喜作客。或我寻贼去先发制人，或贼寻我以主待客，总须审定乃行，切不可于两层一无所见，贸然一出也。
>
> （《曾胡治兵语录》）

曾国藩这话，看起来很神秘的，其实便是现代战争学上的所谓攻击战和防御战。

曾国藩又主张战争是主动的，而不是被动的。作战与否，全凭自己决定，不受旁军支配，所以他说："进兵须由自己作主，不可因他人之言，而受其牵制。非特进兵为然，即寻常出队开仗，亦不可受人牵制。应战时，虽他营不顾，而我营亦必接战；不应战时，虽他营催促，我亦且持重不进。若彼此皆牵率出队，视用兵为应酬之文，则不复能出奇制胜矣。"他又说："主守则专守，主战则专战，主城则专修城，主垒则专修垒，切不可脚踏两边桥，临时张皇也。"可见曾国藩打仗，也讲究专心，不肯旁骛的。

曾国藩对于扎营，也是很研究的。他认为行军"以水泉甘洁为最难得之境，其无活水清泉之处，不可驻兵"。曾国藩又认为，"扎营宜深沟高垒，虽仅一宿，亦须为坚不可拔之计。"这是行军上一事不可马虎之意。曾国藩说："扎营不可离城太近，宁先远而渐移向近，不可先近而后退向远。"因为离城太近，势难防备敌人的偷营和奸细混入，而扎营后撤，又足以馁士气。至于扎营的物质条件，曾国藩也研究得很详细。他说："筑墙须八尺高，三尺厚，濠沟须八尺宽，六尺深。墙内有内壕一道，墙外有外壕二道或三道。壕内须密钉竹签。"

曾国藩在战术上，是主张因地制宜的。他说：

打仗之道，在围城之外，节太短，势太促，无埋伏，无变化，只有队伍整齐，站得坚稳而已。欲临机应变，出奇制胜，必须离城甚远，乃可随时制宜。凡平原旷野开仗，与深山穷谷开仗，其道迥别。去城四十里，凡援贼可来之路，须令哨长队长，轮流前往该处看明地势；小径小溪，一邱一溪，细细看明；各令详述，或令绘图呈上。万一有出隘迎战之时，则各哨队皆已了然于心。

（《曾胡治兵语录》）

可见曾国藩对军事的情报和侦察，也是十分注意的。此外曾国藩用兵还有一个很好的制度，便是“博采详明”。他认为“师行所至之处，必须多思多问，思之于人，问之于人，皆好谋之实迹也。昔璞山带兵，有名将风，每与敌遇，将接仗之前一夕，传各营官点集，与之畅谕敌情地势。袖中出地图十余张，每人分给一张，令诸将各抒所见。如何进兵，如何分支，某营埋伏，某营并不接仗，待事毕后专派追剿。诸将一一说毕，璞山乃将自己主意说出，每人发一传单，一议定之主意也。次日战罢，有与初议不符者，虽有功亦必加罚。其平日无事，每三日必传各营官熟论战守之法”。这又和近代战术，在下总攻击令之前，先开军事会议，讨论作战计划的方法相似了。

第四十三节　军　制

曾国藩所创立的军制，很是简单，现在可就陆军水军两方面来说：

甲，陆军以营为战斗单位，以三百六十人为一营，加以长夫一百四十人，合为五百之数。

后来把长夫扩充至一百八十人。每营四哨，营置营官；每哨八队，哨有哨长，添火器二队，合成每哨十队。亲兵一哨六队，火器刀矛各居其半。营官下面设有帮办，以辅助营官办理营务。十二营以上，设提调以总其成。特设乡导，别立侦探。分之各有专职，合之联为一气。

乙，水军水师分十营，五营为主力军，五营为辅助军。前营二，正前营正红旗，副前营襄红旗，左营二、右营二、后营二、中营二，每营五百人，每营设营官一人，又设帮办一人。每营分快蟹船四只（用桨工二十八人，橹八人），长龙船十二只（用桨工十六人，橹四人），快蟹船每只可配四十多人，长龙船每只可配二十多人，舢板船每只可配十多人。每船用炮手几人，又另置舱长一名，头工二名，柁工一名，副舵二名。

至于行营的组织，设立八所，名字是文案所、内银钱所、外银钱所、军械所、火器所、侦探所、发审所、采编所治理一切事务。

以上是曾国藩手订军制的大略。

第四十四节 团 练

曾国藩最初办理团练，后来训练湘军。湘军是扑灭太平天国的主力，团练是维持地方治安的，所以曾国藩的办理团练，也是他治兵方略的一种。

为什么要办团练呢？团练的用处，在于清除匪类。曾国藩说："远贼必有近窝，清查户口，团练保甲，此为治盗第一要法。现在团练之道，以本处不容留匪人为第一要务。本境既清，然后练丁习艺，以备邻境之土匪。处处如此，则匪徒自无驻足之区。"（《批嘉禾县》）从这一点看来，可见团练的作用有二：在消极方面是清查地方，在积极方面是防御外侮。

不过团练二字，应该分开来看。曾国藩说得好："团练两字宜分看，团即保甲之法，清查户口，不许容留匪人，一言尽矣。练则制械选丁，请师造旗，为费较多。"（《批江华县》）

团练的害处在扰民。团练两事之所以要分开，其意义也就在此。换句话说，团是绝对需要的，练只是看情形而定，并非绝对的必要。所以曾国藩说：

> 民所以不乐从团练之说者，以其敛费或多，经手者有侵夺之弊，徒伤财而乏实效耳。但用其人，不费其财，则贫富毕乐于从事，可期渐收实效。
>
> （《批常德府》）

> 现在办团练，重在团不重在练。盖练则制旗帜、造器械、请教师、养丁壮，为费较多，团则合志齐心，以一方之正人，治一方之匪类，虽不能大有利益，而匪类净则地方肃清，而人得安生矣。
>
> （《批宁乡县》）

因为上述的缘故，曾国藩规定“团”为普遍的办法，“练”为特殊的设施。因此他和父老绅庶定议二语曰：“团则遍地皆行，练则择地而办。”又与州县有司定议二语曰：“乡间团而不练，城厢练而不多。——盖乡间非不练也，择董事之贤者，而后照办，庶几有利而无弊。城厢若无一练丁，则一夫倡乱，仓皇夜呼，遂有焚署劫狱之案，近日往往如此。但有练丁四五十人，火药器械齐备，即足以弹压一切鼠辈，无敢跳掷妄为也。轻骑下乡，亲行督率，总以严查户口为第一要务。其操练一层，则择人而后为之，不必图普遍施行之名，反致浮滑者藉端扰累。”这是曾国藩办理团练所得的实际经验。

团练是治兵方略的一种。为什么呢？因为平乱只有团练而没有军队，是不够用的，同时我们知道，只有军队而没有团练，也不够用的。换句话说，军队和团练各有各的功用，不能用团练去代替军队的功用，也不能用军队去完全代替团练的功用，他们是互相依赖，缺一不可，所以非同时并举不可。大股匪众须用军队为主去剿办，决不可用团练去驰逐尝试，致增长敌人的声势。但团练在平乱上也有他的特殊任务，不可忽略。

> 曾国藩所主张的团练制度，把它分析起来，实在包括有“团练”、“保甲”、“碉堡”三事。“保甲”是乡村的严密组织，求其便于清查户口，实行连坐，使人民自行清除内奸，与匪类造成对抗的形势。“碉堡”是乡村的一种防守工具，求其便于坚壁清野，避免掠夺。“团练”是地方人民自卫的武力组织，求其便于剿办境内武装的小股土匪。三项须同时并举，乃能完成人民的自卫能力，对境外可以相当防守，对境内可以彻底清乡。
>
> （《胡曾左平乱要旨》）

第四十五节　联络绅士

在中国的社会中（其实也不仅中国为然），绅士是一个地方的中心势力，为民望所归。在军事时期，尤其在剿办流寇，能用绅士是很重要的。因为一地方的绅士，对于一个地方的风土情形，必较远来的军队为熟悉。若能把绅士延为己用，对于战事的功效，是毫无疑问的。

所以在军事时期，对于地方绅士公廉正直的，应广为延揽，诚心接待，优以礼貌，以为办理团练的帮助。所谓“用一方之良，锄一方之莠”，倘若给他们以相当的权力，必定可以获得效果。

关于绅士的功用，曾国藩曾说：

保甲之法，不经书役之手，必须责成绅耆办理，当切实商访绅耆中之公正而肯任事者，令其认真举行一二处，行之有效，则他处皆取则矣！

（《批安福县》）

此时急务，莫先于查拿匪人，以安善良。匪人难于访求确实，不得不联络绅耆，藉广耳目。该县务宜周咨公正绅耆，纵有偶受欺蔽之时，而受益处究多也。

（《批湘阴县》）

关于绅士的功用，既如上述。但待遇绅士，也要有相当的方法，否则绅士不肯为用，也许反受其害。所以曾国藩说："访问绅耆，亦须优以礼貌，给以薪水，又恐有仇扳袒庇等弊，尚须定一章程，出一告示。"而带兵的人，自己也要做一个榜样，所谓"以廉律己，以勤律己，以勤治事，以公处人，此三者阙一不可。而欲求绅民之钦服，尤在取与之际一丝不苟。"

曾国藩对于访问绅士，主张优以礼貌的理由，说得很详细。他说："用绅士不比用官。彼本无任事之责，又有避嫌之念，谁肯挺身出力以急公者？贵在奖之以好言，优之以禀给。见一善者，则痛誉之；见一不善者，则浑藏而不露一字。久久，善者劝，而不善者，亦潜移而默化矣！"

但他对于绅士，也并非因有所求，而纵容姑息。他对于绅士，也严加责督的。他有"劝戒绅士四条"，可以作为他这种态度的证明。所谓劝戒绅士四条，便如下述：

一曰，保愚懦以庇乡。

军兴以来，各县皆有绅局；或筹办团练，或支应官军，大抵皆敛钱以集事，或酌量捐资，或按亩派费。名为均分匀派，实则高下参差，在局之绅者少出，不在局之愚懦多出。与局绅有声气者少出，与局绅无瓜葛者多出。与局绅有夙怨者，不但勒派多出，而且严催凌辱，是亦未尝不害民也。欲选绅士，以能保本乡愚懦者为上等，能保愚懦，虽亏职亦尚可恕；凌虐愚懦，虽巨绅亦属可诛。

二曰，崇廉让以奉公。

凡有公局，即有专管银钱之权，又有劳绩保举之望。同列之人，或争利权而相怨，或争保举而相轧，不廉也。始则求县官之一札，以为荣，继则大柄下移，毫无忌惮。衙门食用之需，仰给绅士之手，擅作威福，藐视长官，此不逊也。今特申戒各属绅士，以敬畏官长为第一义。财利之权，归之于官，赏罚之柄，操之自上。即同列众绅，亦互相推让，不争权势。绅士能洁己而奉公，则庶民皆尊君而亲上矣。

三曰，禁大言以务实。

以诸葛之智勇，不能克魏之一城；以范韩之经纶，不能制夏之一隅，是知兵事之成败利钝，皆天也，非人之所能为也。近年书生侈口谈兵，动辄曰克城若干，拓地若干。此大言也。孔子曰："攻其恶，无攻人之恶。"近年书生，多好收人之短，轻诋古贤，苛责时彦，此亦大言也。好谈兵事者，其阅历必浅；好攻人短者，其自修必疏。今与诸君子约，为务实之学，请自禁大言始；欲禁大言，请自不轻论兵始，自不道人短始。

四曰，扩才识以待用。

天下无现成之人才，亦无生知之卓识，大抵皆由勉强磨炼而出耳。淮南子曰："功可强成，名可强立。"董子曰："强勉学问，则闻见博见；强勉行道，则德日起。"《中庸》所谓："人一己

> 百，人十己千。"即勉强工夫也。今士人皆思见用于世，而乏用世之具，诚能考信于载籍，闻途于已经，苦思以求其通，躬行以试其效。勉之又勉，则识可渐进，才心渐充。才识足以济世，何患世莫己知哉？
>
> （《杂著》）

从上面看来，曾国藩之对于绅士，是恩威并施的。曾国藩因为善用绅士，绅士也乐为之用。所以曾国藩事业的成功，一部分是绅士帮助的功效。

第四十六节　实干精神

曾国藩的为人，不问治军政治或立身为学，都有一种不可及的精神。这种精神是什么？就是"吃硬"。

一个主张当曾国藩既决定，并且认为是对的，那么无论环境如何恶劣，前途如何困难，他是勇往直前，不避艰苦，拚命地干去，从死路中求生路。这种精神用现代的话来说，就是"实干精神"。

细看曾国藩自从咸丰三年带兵以来，到打下安庆为止，在这个时期中，几乎可以说没有一天不在艰难困苦中。但他能从奋斗中求出路，终于获得最后的成功。曾国藩有一句名言，叫做"好汉打脱牙，和血吞"。他说：

> 困心横虑，正是磨炼英雄，玉汝于成。李申夫尝谓余怄气从不说出，一味忍耐，徐图自强。因引谚曰："好汉打脱牙，和血吞。"此二语，是余生平咬牙立志之诀。余庚戌辛亥间，为京师权贵所唾骂；癸丑甲寅，为长沙所唾骂；乙卯丙辰，为江西所唾

骂；以及岳州之败、靖港之败、湖口之败，盖打脱牙之时多矣，无一次不和血吞之。

（《同治五年十二月十八日致沅浦弟》）

从以上几句话，可以看出曾国藩成功的秘诀，全是“硬干”，凡是不“埋着头苦干，吃着亏不说”的人，都是曾国藩所最瞧不起的。曾国藩对于他的兄弟，也常常以实干精神相勉。他说：

来信每怪运气不好，便不似好汉声口；惟有一字不说，咬定牙根，徐图自强而已。

（同上）

申甫所谓“好汉打脱牙，和血吞”；星冈公所谓“有福之人善退财”，真处逆境之良法也。

所谓“实干精神”，不仅在得意时埋头苦干，尤其在失意时绝不灰心。有一次曾国藩的弟弟（国荃）连吃两次大败仗，曾国藩写信去安慰他说：

袁了凡所谓“从前种种譬如昨日死，从后种种譬如今日生。”另起炉灶，重开世界，安知此两番之大败，非天之磨炼英雄，使弟大有长进乎？谚云：“吃一堑，长一智。”吾生平长进，全在受挫辱之时。务须咬牙励志，蓄其气而长其智，切不可苶然自馁也。

他的弟弟听了他的话，后来果然有所成就。可见不灰心是一切事业成功的基础。

曾国藩认为只说不做的人，最是要不得，所以他的军队中，照例不用喜欢说话的人，成为一种风气。因为只说不做，违背了“实干主义”的原则。“实干主义”是要埋头苦干，不重宣传的曾国藩认为惟天下的至拙，可以破天下的至巧。凡是自己认定拙朴的人，才能够厉行实干主义。

也许有人要怀疑，曾国藩是一个文弱书生，为什么居然能有“实干精神”呢？似乎这种“实干精神”，应该一般武夫方有。其实这种观察是错误的。曾国藩生长在湖南乡间，湖南的民族性是以强悍著称。曾国藩又是一个读书人，看到历史上许多人物，他们具备了成功的一切条件，就只少掉实干的精神，因此归于失败。这是曾国藩所引为惋惜的。孟子有一句名言，叫做“天将降大任于斯人也，必先苦其心志，劳其筋骨，饿其体肤……”曾国藩懂得这道理，因此他虽遇重大的打击而不灰心，能够再接再厉，终于获得最后的成功。

附　录：

勉　强

魏安厘王问天下之高士于子顺，子顺以鲁仲连对。王曰：“鲁仲连强作之者，非体自然也。”子顺曰：“人皆作之，作之不止，乃成君子；作之不变，习与体成，则自然也。”余观自古圣贤豪杰，多由强作而臻绝诣。淮南子曰：“功可强成，名可强立。”《中庸》曰：“或勉强而行之，及其成功一也。”近世论人者，或曰某也向之所为不如是，今强作如是，是不可信。沮自新之途，而长偷惰之风，莫大乎此。吾之观人，亦尝有因此而失贤才者，追书以志吾过。

第十一章　曾国藩的文学修养

第四十七节　好读书

曾国藩是一个军事家、政治家、伦理家，除此以外，他还是一个文学家。曾国藩对于文学是很有修养的，只因为他在事业上的成就太大了，所以把他的文学修养遮过了。

现在我们开始说起曾国藩的读书。曾国藩对于读书，可分三层来说：第一是喜欢读书，第二是懂得读书的方法，第三是劝人读书。

曾国藩在咸丰二年以前，在北京做京官的时候，便养成了读书的习惯。他在翰林院几年，所做的可说完全是一种“研究工作”。因为职务比较清闲，所以他有较多的工夫自己读书。他所交的一般朋友，都是很讲究读书的，所以那时京师的读书风气很浓厚。

这时候曾国藩有这样一段读书的故事：他因为屡试不售，在京师住得气闷，便应朋友之招，到江南去游玩。在路上因为路费缺乏，向睢宁的朋友易作梅借了“百金”，在路过南京时，他把这笔钱完全买了书。不够，又把衣服当质了些，添补上去。他能借钱质衣去买书，可见对于读书的兴趣了。

倘若把咸丰三年到同治三年这十二年扑灭太平天国的军事时期，作为曾国藩一生的根本事业，那么他在北京六年的京官生活，是他根本事业的预备时期。曾国藩以没有带过兵的书生，一旦身负重任，居然很晓得用兵。固然是他平日随处留心的结果，但大半都是从书本上得来的知识。

后来他办理军事，虽然“军书傍午”，环境不安，但他仍不忘记读书。所以他寄信给他的儿子纪泽说：“余在军中，不废学问，读书写字，未甚间断，年老眼朦，无甚长进。尔今未弱冠，一刻千金，切不可浪掷光阴。”又说：“余性喜读书，每日仍看数十页，亦不免抛荒军务，然非此则更无以自怡也。”可见曾国藩的读书已成为改不掉的习惯，并无以消遣了。

这种习惯直到曾国藩年老之后，做了两江总督，仍没有变更。在同治十年（1871）的时候，曾国藩已经六十一岁，并且他的右眼已经失明了。许多人都劝他静养享福，但他仍旧读书不息，决不使光阴虚度。

一般人的读书，都用来为博取利禄的工具，但曾国藩认为读书是求知识，求学问，是满足求知欲的。所以他写信给他的诸弟说：

> 年过二十，总以看书为主。我境惟彭薄墅先生看书极多，自后无一人讲究者，大抵为考试文章所误。殊不知看书与考试，全不相碍；彼不看书者，亦仍不利考如故也。我家诸弟，此时无论考试之利不利，无论文章之工不工，总以看书为急务。不然，则年岁日长，科名无成，学问亦无一可靠。
>
> （《道光二十四年九月十八日禀父母》）

至于曾国藩的读书方法，更值得我们注意。他的读书方法，第一是“有恒”，第二是“不勉强”，第三是“做札记”。

何以见得曾国藩读书有恒呢？他说：

> 学问之道无穷，而总以“有恒”为主。兄往年极无恒，近年略好，而犹未纯熟。自七月初一起至今，则无一日间断，每日临帖百字，抄书百字，看书少亦须满二十页。多则不论。虽极忙，亦须了本日功课。不以昨日耽搁，而今日补做，不以明日有事，

而今日预做。

（《道光二十四年十一月二十一日致诸弟》）

他在读书方面，主张实事求是，不贪懒取巧。他说："无论何书，总须从首至尾，通看一遍；不然，乱翻几页，摘抄几遍，而此书之大局精处，茫然不知也。"

曾国藩在读书方面，不主张强记，这是很合于现代的教育方法的。"凡读书有难解者，不必遽求甚解；有一字不能记者，不必苦求强记。只须从容涵泳，今日看几篇，明日看几篇，久久自然有益。"这是他读书的原则。

至于看书"做札记"，更是曾国藩求学的不二法门。近来的学者如胡适之先生，认为"做札记"是很重要的一种方法，其实曾国藩早已实行了。他认为读书应"略作札记，以志所得，以著所疑"。此外曾国藩又以为天下的书籍浩如瀚海，所以看书不可不知所择，曾国藩这种见解也是值得推许的。

陈果夫先生批评曾国藩的读书方法说："读书如能随时做笔记，则进步最快。曾国藩是一位不甚聪明的人，但他一生的好处在有恒、耐心、做笔记，所以后来也有相当成就。"这话是很确实的。

第四十八节　勤写字

曾国藩对于写字也很讲究的。他说：

作字大约握笔宜高，能握于管顶者为上，握至管顶之下寸许者次之，握至毫心上寸许者亦尚可习，若握近毫根，则虽写好字，亦不久必退，且断不能写好字。吾验之己身，验于朋友，皆历历可征。

作字，须讲究墨色。古来书家，无不善使墨者，能令一种神光活色，浮于纸上，固由临池之勤，染翰之多所致。亦缘于墨之新旧浓淡，用墨之轻重疾徐，皆有精意运乎其间，故能使光气常新也。

（《咸丰八年八月二十日谕纪泽》）

至于曾国藩写字的历史和宗法，我们也可以从他的日记中看出来。关于他写字的历史，曾国藩自己说："余在三十以前，作字未能尽心，间架不稳，手腕不稳，四十以后，虽略有长进，而手腕时灵时钝。钝时则如古人所谓'姜牙冻痴蝇'者，可自笑也！"关于他写字的宗法，曾国藩自己说："作字之道，刚健、婀娜二者阙一不可；余既奉欧阳率更、李北海、黄山谷三家，以为刚健之宗，又当参以褚河南、董思白婀娜之致，庶为成体之书。"

曾国藩的写字，他自己认为有一种妙用，便是用忍耐的功夫，克服自己有时的浮躁。他说："在家无事，每日可仍临帖一百字，将浮躁处大加收敛。心以收敛而细，气以收敛而静。于字也有益，于身、于家也有益。"

曾国藩在写字一道，是很勤力的。在他带兵的时候，和他后来做两江总督、直隶总督的时候，对于下属的呈文和请示，比较重要的，他都用楷书详加批复。又如他记了几十年日记，他的日记都是用楷书写的。从这一点可以看出曾国藩在写字上是何等勤劳了。

第四十九节　家书与日记

家书和日记，是曾国藩一生的重大著作——虽然它们本身不是一种著作——直到如今，并不稍稍减少他的价值。因为我们从他的家书和日记中，可以看出他一生事业的痕迹，可以知道许多处世为人的道理。

曾国藩的家书，有几个特点，第一是篇幅长，第二是内容详细，第三是诚恳。

曾国藩的家信，平均大概都在一千字左右，长信甚至多到三千字一书，在一般的情形比较起来，不能不说是长篇巨幅了。他的家信为什么要这样长，而不怕烦琐呢？他自己说：

此后写信来，诸弟各有专心之业，务须写明。且须详问极言，长篇累牍，使我读其手书，即可知其志向识见。凡专一之人，必有心得，亦必有疑义。诸弟有心得，可以告我共赏之；有疑义，可以问我共析之。且书信既详，则四千里外之兄弟，不啻晤言一堂，乐何如乎？嗣后我写诸弟信，总用此格纸，弟宜存留，每年装订成册。其中好处，万不可忽略看过，诸弟写信寄我，亦须用一式格纸，以便装订。

（《道光二十二年九月十八日致四位弟》）

吾每作书与诸弟，不觉其言之长，想诸弟或厌烦难看矣！然诸弟苟有长信与我，我实乐之。

（《同上·十月二十六日》）

写信的原因便是为了详细，所以曾国藩的家书，是很详细的。现在我们不妨举两个例子，可见他对于极小的事情，在家书中也不肯稍有疏漏。

丫鬟因其年已长，其人太蠢，已与媒婆兑换一个（京城有官媒婆，凡买妾买婢，皆由他经纪），彼此不找一钱。此婢名双喜，天津人，年十三岁，貌比春梅更陋，而略聪明。寓中男仆如故。

余作书架样子，兹也送回家中，可照样多做数十个，取其花钱不多，又结实又精致，寒士之家，亦可勉做一二个。吾家现虽鼎盛，不可忘寒士家风味，子弟力戒傲惰。戒傲以不大声骂仆徒为首；戒惰以不晏起为首。吾则不忘蒋市街卖菜篮情景，弟则不忘竹山凹拖碑车风景。

上面的两封信，第一封是道光二十二年八月初一日在北京写的家信，这时他还是一个小京官，但他对于丫鬟的小事情说得这样的详细。第二封是同治六年正月初四日从周家口写的家信，对于书架子的小事情，说得这样详细，但他这时已是两江总督了。可见曾国藩对于写信详细的一点，是始终一贯的。

曾国藩的家书，在字里行间，有一种真诚的热情在流露着。这种真诚的热情的流露，不杂着一些虚伪和造作的成分，是最能感动人的。曾氏的家书，有许多都是教训他的阿弟们的，但他所以不引起对方的反感，并且终于造就他的诸弟，便是这种诚恳的感动。

曾国藩的日记，值得我们崇拜的地方，第一是“有恒”，第二是“诚实”。

曾国藩自从他开始记日记以来，一生从未间断，虽在军务极忙的时候，也不肯荒废，直到他临死的前一天，我们还可以看到他最后一天的日记，这种有恒的精神，是他一生事业成功的地方，也是我们最值得效法的。

一般人记日记除掉无恒心以外，有时也不免自欺欺人。曾国藩的日记的特点在于“诚实”。他每天在晚上记日记，把一天值得记载的事情都记上。事情怎么做，就怎么记；有什么记，便怎么记，从不虚伪、借假。他对于自己是决不欺骗的，他自己做了好的事情，他写上；做了不好的事情，说了不应该说的话，他也写上；他毫不掩饰，为了这样可以时时警戒自己——这是记日记的本意。

所以曾国藩的家书和日记，在后人看来，非但是一种绝好的史料，并且是一种很有价值的读物。

第五十节 论诗文

凡诗文趣味，约有二种：一曰，诙谐之趣；一曰，闲适之趣。诙谐之趣，惟庄、柳之文，苏、黄之诗，韩公诗文，皆极诙谐，此外实不多见；闲适之趣，惟柳子厚游记近之，诗则韦孟、白传，均极闲适。而余所好者，尤在陶之五古，杜之五律，陆之七绝。以为人生具此高淡襟怀，虽南面王不以易其乐也——但不可走入孤僻一路耳！

（《同治六年三月二十二日谕纪泽》）

以上这一段话，足以代表曾国藩对于诗文的见解。他所讲的对不对，那是另一问题。但我们从这几句话里，可以看出曾国藩对于诗文一道，是抱着怎样一种态度。

曾国藩对于作诗，主张以性情所近，专学一家。所以他告诉他的弟弟说：

学诗从《中州集》入亦好，然吾意不读总集，不如读专集，此事人人意见各殊，嗜好不同。吾之嗜好，于五古则喜读《文选》，于七古则喜读《昌黎集》，于五律则喜读《杜集》，七律亦最喜杜诗，而苦不能步趋，故兼读《元遗山集》。吾作诗最短于七律，他体皆有心得，惜京都无人可与畅语者。尔要学时，先须看一家集，不要东翻西阅；先须学一体，不可各体同学，盖明一体，则皆明也。

（《道光二十三年六月初六日致六弟》）

曾国藩对于作诗，是很注重声调的。他说："余所选五古九家，七古六家，声调皆极铿锵，耐人百读不厌。欲作五古七古，须熟读五古七古各数十篇，先之以高声朗诵，以昌其气；继之以密咏恬吟，以玩其味。二者并进，使古人之声调，拂拂然若与我之喉舌相习，则下笔为诗时，必有句调凑赴腕下；诗成自读之，亦自觉琅琅可诵，引出一种兴会来。古人云：'新诗改罢自长吟'；又云'煅诗未就且长吟'。可见古人惨淡营之时，亦纯在声调上下工夫。盖有字句之诗，人籁也；无字句之诗，天籁也。解此者，能使天籁人，凑拍而成，于诗人之道，思过半矣！"

从上面看来，可见曾国藩在诗的一方面，顶崇拜韩愈、杜甫，而陶潜的诗，对于他的"和淡之味"与"和谐之音"，也表示信奉的。据曾国藩自己说，他虽不常常作诗，但很喜欢读诗的。每天夜间他常取古人名篇，高声朗诵，认为是很好的娱乐。

至于在"文"的一方面，曾国藩的见解是："作文以思路宏开，为必发之品；意义层出不穷，宏开之为也。"所以曾国藩最不愿意的，便是无病呻吟的文章。

曾国藩对于文章的志趣，他曾很明显地告诉我们说："余近年颇识古人文章门径，而在军鲜暇，未尝偶作，一吐胸中之奇尔！若能解汉书之训诂，参以庄子之诙诡，则余愿偿矣。至行气为文章第一义：卿云之跌宕，昌黎之倔强，可为行气不易之法。宜先于韩公倔强处，揣摩一番。"

曾国藩之所以崇拜韩昌黎，便是因为韩昌黎的文章最为雄奇。而雄奇的文章，是曾国藩所最推许的。关于这一点，曾国藩说：

文中"雄奇"之道，雄奇以行气为上，造句次之，选字又次之。然未有字不古雅，而句能古雅，句不古雅，而气能古雅者；亦未有字不雄奇，而句能雄奇，句不雄奇，而气能雄奇者。是文章之雄奇，其精处在行气，其粗处全在造句选字也。余好古人雄奇之文，以昌黎为第一，杨子云次之。二公之行气，本之天授，至于人事之精能，昌黎则造句之工夫居多，子云则选字之工夫居多。

曾国藩的文章理论，既偏重于雄奇一途，所以他的文章，他在雄奇的一方面见长，他的比较著名的文章如《原才》和《湘乡昭忠祠记》等，气势之壮，语句的不俗，我们觉得和韩昌黎的文章是不相上下的。

附　录：

贺新郎

题钱楞仙同年玉堂归娶图二首

艳福如斯也！记年华，同年二百，君其少者。刚是凤池骞翥后，又结鸳鸯香社。看此去雕鞍宝马。袍是烂银裳是锦，算美人名士真同嫁。好花样，互相借。　　淋漓史笔珊瑚架。说催妆，新诗绮语，几人传写？才子风流涂抹惯，莫把眉痕轻画。当记取初三月夜。欲问大罗天上事，恐小姑群婢同惊讶。属郎语，声须下。

寂寞深闺里。忆东风，泥金乍报，若何欢喜？撤帐筵阑停烛夜，细问当时原委。更密询烧香侍婢。西舍东邻多士女，但骈头附耳夸双美。不能答，笑而已。　　郎君持赠无多子。献妆台，宫衣一袭，鸾书一纸。又剩有红饼饯？合卺同尝甘旨。珍重说天恩如此。明年携得神仙眷，料趋朝不过花砖矣。同梦者，促君起。

古之善为诗古文者，其工夫皆在诗古文之外。若寻行数墨，以求之索之，愈迫，则去之愈远矣。

余好读欧阳公《送徐无党南归序》，乃知古之贤者，其志趣殊不愿以文人自命。东坡读少陵许身稷契及舜举十六相等句，以谓“此老胸中大有事在”。大抵经纶雷雨，关乎遭际，非人力所能强。至于襟期淡泊，遗外声利，则学者人人可勉也。（时咸丰十一年在东流大营）

第五十一节　喜作楹联

楹联是件很小的东西，但这似乎是中国文学上的特产品，具有特殊的价值。我们在日常生活中，时常可以遇到看见楹联的机会，其中有许多好的联语觉得出自天然，全没有人工雕琢的痕迹，像这种联语使人看了生出一种艺术伟大之感。中国在近百年来，文学上可以说是盛行着楹联的势力，推溯其源，曾国藩虽非创造者，却具备了发扬光大的功绩。在曾国藩的时代，因为他爱好楹联，许多人都跟着他爱好楹联，于是便造成一时的风气，这种风气直到现在还没有衰落。

为了上面的缘故，所以把曾国藩喜作楹联，特别提出来一讲。

楹联的好处，是因为韵语对仗，容易记忆。所以曾国藩的喜作楹联，有时是为了自箴，有时是为了劝人，取其容易记忆的缘故。曾国藩说：

李申甫自黄州归来，稍论时事，余谓当竖起骨头，竭力撑持。三更不眠，因作一联云：“养活一团春意思，撑起两根穷骨头。”用自警也。余生平作自箴联句颇多，惜皆未写出。丁未年在家作一联云：“不怨不尤，但反身争个一壁静；勿忘勿助，看平地长得万丈高。”曾用木板刻出。

（《日记·丁未十月》）

可见他生平所作的“自箴联”很多，可惜多未写出，但我们从他的书籍中，仍旧可找到不少，下面便是一些例子：

因念家中多故，心中焦虑之至；又不知兵事之变态何如，弥觉忧惶，不能自宁。因集古人成语，作一联以自箴曰：“强勉行道，庄敬日强。”上句箴余近有郁抑不平之气，不能强勉以安命；下句箴余近有懒散不振之气，不能庄敬以自奋，惜强字相同，不得因发音变读而易用耳。

（《日记·甲子四月》）

余回忆生平，愆尤丛集，悔不胜悔，而精力疲惫，自问更无晚盖之力，乃作一联云：“莫苦悔已往愆尤，但求此日行为，无惭神鬼；休预怕后来灾祸，只要暮年心气，感召祥和。”

（《日记·乙巳八月》）

在曾国藩的联语中，有不少千古名言。譬如他有一次作联云：“不为圣贤，便为禽兽；莫问收获，但问耕耘。”内中实包括无限进取精神。他的联语不特用以“自箴”，有时也以“箴人”的。譬如他在治军方面，他也曾用联语表扬治兵的方法。他说：“气浮而不敛，兵家之所忌也。偶作一对联云：‘打仗不慌不忙，先求稳当，次求变化；办事无声无臭，既要精到，又要简捷。’”

曾国藩因为有癣症，所以患着失眠，因此给予他作联语的机会。他在日记中说：“夜阅荀子三篇。三更尽睡，四更即醒，又作一联云：‘天下无易境，天下无难境；终身有乐处，终身有忧处。’至五更，又改作二联，一云：‘取人为善，与人为善；乐以终身，忧以终身。’一云：‘天下断无易处之境遇，人间那有空闲的光阴。’”（己未十月）曾国藩白天没有工夫，他的联语大半在晚上睡着静想出来的。

现在我们作联的效用，大半是为吊丧用的。其实这种“挽联”的风气，实在是曾国藩等一班人所造成。曾国藩对于“挽联”一道，很是讲究。有一次，他问他的弟弟说：

> 胡润之中丞太夫人处，余作挽联云：“武昌居天下上游，看郎君新整乾坤，纵横扫荡三千里；陶母为女中人杰，痛仙驭永辞江汉，感激悲歌百万家。”胡家联句必多，此对可望前五名否？
>
> （《咸丰八年八月初六日致沅浦弟》）

可见他对于自己联语之能否认为上选，是很注意的。同治元年（1862）十一月，他的五弟国葆死后，他曾作一联云：“英名百战总成空，泪眼看山河，怜予季，保此人民，拓此疆土；慧业多生磨不尽，痴心说因果，望来世再为哲弟，并为勋臣。”

他对于这个联语觉得不称意。第二天他想为他的五弟做一篇墓志，竟夜未成一字，却又得挽联一副云：“大地于戈十二年，举室效愚忠，自称家国报恩子；诸兄离散三千里，音书寄涕泪，同哭天涯急难人。”这才觉得满意。

因为曾国藩喜欢作楹联，所以他的朋友和门生，也都讲究此道。在曾国藩死后，左宗棠挽他说：“谋国之忠，知人之明，自愧不如元辅；同心若金，攻错若石，相期无负平生。”李鸿章挽他说：“师事近三十年，薪尽火传，筑室忝为门生长；威名震九万里，内安外攘，旷代难逢天下才。”这些都是不很坏的挽联。

第五十二节　曾国藩的幽默

大家一想起曾国藩来，便觉得以他的道德文章之高，一定是道貌岸然，望而生畏的。其实大谬不然。曾国藩的为人，非但不像一般道学夫子的令人可厌，并且是很合于现代的所谓“幽默”的。这话该很出乎读者意料之外吧！

曾国藩自己说，他的学问是以“禹墨为体，庄老为用”。所以他的为人，在肃穆之中，实兼富于现在的所谓“幽默”。李鸿章曾经述到曾国藩的日常生活如下：

> 在营中时，我老师（指国藩）总要等我辈大家一同吃饭，饭罢后，即围坐谈话，他老人家又最爱讲笑话，讲得大家肚子都笑疼了，个个东歪西倒的。他自家偏一些不笑，以五个指头作耙，只管捋须，穆然端坐，若无其事。
>
> （《水窗春呓》）

一般自以为卫道的老夫子们，终日不苟言笑的，看了李鸿章这一段话，该感到惭愧吧！在《水窗春呓》上，我们还可以看下面的一段：“文正夫人在安庆署中，每夜姑妇两人纺绵纱，以四两为率，二鼓后即歇。一夜不觉至三更，颉刚（曾纪泽）世子已就寝矣。夫人曰，今为尔说一笑话，以醒睡魔可乎？‘有率其妇纺至夜深者，子怒詈，谓纺车声聒耳，不得眠，欲击碎之。父在房中应声曰，吾儿，可将尔母纺车一并击碎为妙。’

翌日早餐，文正为笑述之，坐中无不喷饭。”从这里不独可以看到曾国藩的幽默，并且可以看出他“公馆”中妇女生活的勤俭。

曾国藩又有所谓“挺经”，李鸿章说：

我老师的秘传心法，有十九条挺经。这真是精通造化，守身用世的实诀。我试讲一条与你听。“一家子，有老翁请了贵客，要留他在家午餐。早就吩咐儿子前往市上备办肴蔬果品。日已过巳，尚未还家。老翁心慌意急，亲至村口看望。见离家不远，儿子挑着菜担，在水塍上与一个京货担子对着，彼此不肯让，就钉住不得过。老翁赶上前婉语曰：老哥，我家中有客，待此具餐，请你往水田里稍避一步，待他过来，你老哥也可过去，岂不两便吗？其人曰：你教我下水，怎么他下不得呢？老翁曰：他身子矮小，水田里恐怕担子浸着湿，坏了食物，你老哥身子高长些，可以不致于沾水。因为这个理由，所以请你避让的。其人曰：你这担内，不过是菜蔬果品，就是浸湿，也还可以将就用的，我担中都是京广贵货，万一着水，便一文不值。这担子身分不同，安能教我避让！老翁见抵说不过，乃挺身就近曰：来，来，然则如此办理，待我老头儿下了水田，你老哥将货担交付给我，我顶在头上，请你空身从我儿旁边岔过，再将担子奉还，何如？当即俯身解袜脱履，其人见老翁如此，作意不过，曰：即老丈如此费事，我就下了水田让尔担过去。当即下田避让。”他只挺了一挺，一场竞争，就此消解，这便是挺经中开宗明义的第一条。至此而止，竟不复语，予俟之良久，不得已始请示第二条。公含笑挥手曰：这此一条，够了，够了，我不说了。

（《水窗春呓》）

这十九条秘传心法，竟只传一条，是多么可惜的事？但仅此一条，已经使我们觉得很“够味”了。

其实曾国藩的“幽默”，从他的日记和书信中都可以看到。他的日记中曾这样写着：

与子序言圣人之道，亦曰：“学问阅历，渐推渐广，”渐习渐熟，以至于四达不悖。因戏称曰：乡人有终年赌博而破家者，语人曰：吾赌则输矣！而赌之道精矣！从来圣贤未有不由勉强以几自然，有阅历悔悟以几成熟者也！程子解孟子苦、劳、饿、乏、拂、乱、动、忍等语曰：若要熟也，须从这里过。亦与赌输而道精之义为近。”子序应之。

（乙未五月）

曾国藩虽以理学自鸣，而性好诙谐，不能自已，家训中曾自道之。他曾自在公牍的官衔上批一诗云：“官儿尽大有何荣，细字太多看不清，删去几行重刻过，留教他日作铭旌。”这诗曾见于日记，不独见风趣，也可见其胸襟了。

他的书信中也时常有幽默的比方。他说：

惠书称申夫有揽辔澄清之志，只愧尺波不足以纵巨鳞，陋邦不足以发盛业。昔有巨盗发冢，椎掘方毕，棺中人忽欠伸起坐曰：“我乃伯夷，何为见访？”盗逡巡去。易一邱，方开凿墓门，见前欠伸者随至曰：“此舍弟叔齐家也。”今将施巨钩犗饵于蹄涔之水，是犹索珠襦玉柙于伯夷之垅，多恐有辜荐贤之盛心。至于推诚扬善，力所能勉，不敢或忽。

这种活龙活现的描写，也很“够味”。

曾氏入阁之日，左宗棠方为巡抚。照例巡抚上书阁臣应自称晚生，宗棠素来瞧不起国藩，不甘贬节，因此手书：“照例应晚，但弟仅少公一岁，似不算晚，请仍称弟。”国藩得书，便引戏文中“恕汝无罪”四字答之。

也许有人要说，像曾国藩这样道德文章高尚的人，似乎不应该这样“幽默”。其实曾国藩是一个诚恳的人，他想到什么话便说什么话，决不在朋友或僚属面前戴起假面具。许多人愿意为他所用，也是受了他这种诚恳的感动。又因为他一生的时间，大半在艰难困苦中过的，在军事棘手的时候，他再不说说笑话，转变周围苦闷枯燥的空气，还有什么娱乐呢？

“幽默”难道能使一个人减少他的声价吗？

第十二章　曾氏对于当时及后世的影响

第五十三节　中兴事业

曾国藩费了十多年的心力把太平天国的新兴势力扑灭掉，无意中却使立刻便要崩溃的清政府，延长了五六十年的寿命。

清本是中国东北部的一个民族，当明末衰乱的时候，满族接连出了几个豪杰之主，碰到很好的机会闯入山海关，在中国本部建立了爱新觉罗的大皇朝，竭力经营，居然十分昌盛。但是君主专制的国家，是全靠英明的领袖来维持昌盛的，在立国时的一股锐气过去以后便免不掉盛极而衰的循环之路的。所以清朝经过圣祖（康熙）世宗（雍正）的鼎盛时期，传到高宗（乾隆），便转入衰替时期，到仁宗（嘉庆）以后国势便一步步衰落下去了。一个皇朝的衰亡，本不算什么一回事；可是清朝因国势衰退而开始崩溃，适逢列强帝国主义者开拓殖民地在远东竞争剧烈的时候。其结果，中国便随着清朝的崩溃，陷入受帝国主义压迫的半殖民地位，这现象是很可注意的。

清高宗（乾隆）是一个“席丰履厚”的天子，承袭清开国以来的势力和威望，完成平定藩属的事业。所以他志得意满，御著《十全记》，自夸他的“十全武功”，其实在这时无形中已开始了盛极而衰的趋势。他又是一个自命不凡，喜欢阔绰的人，处处想模仿圣祖。三次巡游江南，糜费无算，斫丧国家的元气不少。所以在他的下一代起（嘉庆以后），内乱外患迭起，而有无法应付之概。

在乾隆末年，白莲教徒在四川、湖北一带扰乱，江苏、浙江、福建、广东一带又有所谓“艇盗”的发生。这时候清朝廷内和坤用权，奸臣搜括于内，匪徒骚扰于外，使清的元气，大受打击，后来仁宗（嘉庆）费尽心力，好不容易把内贼外乱削平，然而清朝的衰落已经逐渐显著了。

鸦片战争之前，清在中国本部的统治地位，已经岌岌动摇。四川、湖北一带的教匪以及东南沿海的艇盗虽终于被平服了，然而爱新觉罗皇朝由动摇而崩溃的局势，仍是无法避免的。刚巧在这个时候，从西洋闯到东方来的帝国主义者由英国当先，用武力侵略，和中国形成了正面的冲突。这便是有名的鸦片战争。战争的结果，清廷是屈服了，断送了许多权利，失去了很多的民心。国势就此一蹶不振，而清朝的统治也格外岌岌可危了。

曾国藩的出生，正遭逢着清政府衰落的时代。鸦片战争以后，朝野仍不思振作，举国充满着一种泄泄沓沓的空气，在上者丝毫没有知道自己统治权的被推翻只是顷刻间事，依旧横肆其专制的淫威，兵士的骚扰，官吏的压迫，终于激起了太平天国的事变。

太平军自从道光三十年（1850）夏间在广西起事，到同治三年（1864）被清军攻下南京为止，骚扰十四年，受战争威胁者达十七省。在太平天国军势最盛的时候，军力直入河北，离清政府的所在地——北京仅二百里，这时清政府的灭亡，可以说是呼吸间事了。咸丰十年，曾国藩正在安庆和太平军死命挣扎间，外患又像狂风暴雨一样交迫而来。英法联军破大沽，陷天津，直逼北京，咸丰皇帝手足无措，往热河暂避，留下一个胆小的恭亲王奕䜣，又逃往长辛店。联军进至北京城下，限期交出被清政府扣留的议和代表巴夏礼，英公使额尔金一把火，把圆明园烧成一片瓦砾场，联军便直入北京城。

当时的清政府内则有太平天国之乱，外则有联军的入寇，甚至一国的元首逃往热河。国都被外兵所据，其去灭亡，真可谓一发之间了。当时英公使额尔金因为清廷腐败颟顸，曾经向列国提议承认太平天国政府为中国中央政府，可见当时的情势是如何危急了！

经过曾国藩等十几年的苦战，清政府总算把崛强一时的太平天国消灭掉，又经过李鸿章、左宗棠等的努力，竟把继太平天国而起的捻军和“回乱”都平服了。这使得清政府有了一个喘息的机会。在这个暂时安定的局面下，清政府靠着这几位“中兴名臣”的力量，居然维持了好些时候。

曾国藩在洪、杨乱后，看到劫余的社会，非大加休养不可，所以他便凭借着他的权位与声望，整饬吏治，严整兵备，保护民生，休养民力，没有多少时候，果然民困日苏，使一度濒于危亡的清逐渐恢复起来，形成中兴的局面。这些重要的事业，当然不是曾国藩一人的功劳，像胡林翼、左宗棠、李鸿章、曾国荃等都是出力的人，但推根溯源，不能不承认曾国藩是个首创者。所以从历史上看来，曾国藩可算得是清的一个中兴功臣。

经过曾国藩一番努力，使清政府形成中兴的局面。可是不久后，爱新觉罗皇朝不能珍惜这难得的机会，把握住这中兴的曙光，终于丧失掉新生的时机，再加上那拉氏的顽固不化，贪婪昏庸，终于在六十年后，把危而后复安的清皇室又给断送了。

第五十四节　一代风气

> 风俗之厚薄奚自乎？自乎一二人之心之所向而已。民之生，庸弱者戢戢皆是也。有一二贤且智者，则众人君之而受命焉。尤智者所君尤众焉。此一二人者之心向义，则众人与之赴义，一二人者之心向利，则众人与之赴利。众人所趋势之所归，虽有大力，莫之敢逆。故曰，挠万物者莫疾乎风。风俗之于人之心，始乎微而终乎不可御者也。

以上是曾国藩在《原才》那篇文章中所说的一段话，由此可知曾国藩以为风俗的厚薄良恶，由于一二贤且智者的提倡。他既认定这一点，在他的一生无时不致力于此，经过几十年的努力，居然蔚然成为一时的风气。

一个国家到了衰落的时代，朝野必然地充满着暮气，民间的风习，一定是奢靡不堪，流露着一种泄泄沓沓的现象，没有一些振作的精神。我们看一个国家的兴衰，只要从他朝野各方面加以观察，是表现着颓丧呢，还是表现着振作。清朝经过康熙、雍正的极治，到乾隆时便开始了奢靡的风气、颓惰的生活，直到道光、咸丰年间，朝野都充满着暮气、骄诈、虚伪、取巧。善于逢迎的人窃据高位，有能力的人郁郁不得志。曾国藩在做京官的时候便深以这种现象为忧，竭力讲究修身，崇尚气节，提倡鲠直，居然薄有名声，可惜因为这时年轻望低，不能改变当时一般的风气。

等到后来创办湘军，有了相当的权力和物望，曾国藩对于自己平日的信仰和操守——清、廉、俭、朴格外发扬而光大之，居然独树一帜，在当时军事政治腐败不堪的环境中，更显出他操守来。于是一班有志之士和自好之徒，都跑到湘军的旗帜下，愿为曾国藩效力。一时湘军的营幕中，充满着刻苦耐劳的空气，为天下所注目。曾国藩平日所认为声应气求，以一二人的首倡、少数人的努力，以谋转移风气的工作，可说已成就了一半。

太平天国消灭后，曾国藩两任两江总督，一任直隶总督，在当时一般人的心目中，所谓“德高望重”的元老，曾国藩可当之而无愧。那时朝廷内皇帝年幼，根本没有能力；虽然有一个自命不凡的慈禧那拉氏，这时还没有多大的野心，况且深宫中的妇女，究竟不懂什么，一切政事，都常常要探问曾国藩的口气，许多疑难的事情，每以曾国藩一语为判。曾国藩虽不是那种喜欢弄权的人，并且平日也以位高权重为诫，但因为时势的推移，实在无形中已成为中外物望的中心。所以这时曾国藩的一举一动，每为朝野所信奉，模仿，甚至盲目地崇拜着。

曾国藩素来是崇尚勤俭的，到这时自己知道一身为举国物望之所归，格外以简朴自励。所以当曾国藩晚年做了封疆大吏后，讲究气节，崇尚操守，标榜道德，上行下效，居然成为一时的风气。所以在太平天国乱平后的一二十年内，中国的政治很上轨道，吏治也有相当的澄清，所谓风俗之厚薄由于一二人的首倡，曾国藩这句名言，终于自己及身体验到，这也许是曾国藩所认为平生最得意的事！

我们有一句古语，叫做“上有好者，下必有甚焉”。一件事既经提倡，有时会遇到“矫枉过正”的情形，一种空气的造成也不能例外。相传曾国藩做两江总督时，文武百官因为长官崇尚节俭，即使有许多不能节俭的人，也不能不勉强节俭起来。僚属谒见曾氏，衣着更多朴素。有一次，一个新官来谒见曾氏，曾氏见他穿着绸衣，很不高兴，说他既是为人父母官，不应如此奢华。新官不慌不忙对曾氏老实说，他没有钱，买不起旧布衣，因为街坊上旧布衣的价钱实在比绸衣服贵，所以他只能买绸衣。这是我从一本清人随笔上看到的，书名已经忘了。这种故事虽未必有此事，并且也许当时有人用来讥讽曾氏的，但有清一代风气的改变，曾国藩无疑是负起一部分责任的。

曾国藩、胡林翼、左宗棠、李鸿章等，在清政治最腐败的时候，独树一帜，以志气节操，互相督责，互相标榜，卒能改造一代的风气，其流风遗韵，影响到二三十年之久，风俗之厚薄良恶，系乎一二人心之所向，这句话实在是值得我们注意的。而曾国藩这种移风易俗，造成一代的风气，其所成就的，比诸其扑灭太平天国的功业勋名，正无多让呢！

附　录：

俭

凡多欲者不能俭，好动者不能俭。多欲如好衣、好食、好声色、好书画古玩之类，皆可浪费破家。弟向无癖嗜之好，而颇有好动之弊。今日思作某事，明日思访某客，所费日增而不觉。此后讲求俭约，首戒好动。不轻出门，不轻举事。不特不作无益之事，即修理桥梁、道路、寺观、善堂，亦不可轻作。举动多则私费大矣。其次，则仆从宜少，所谓食之者寡也。其次，则送情宜减，所谓用之者舒也。否则今日不俭，异日必多欠债。既负累于亲友，亦贻累于子孙。

第五十五节　对于后世的影响

曾国藩一生的思想和事业，对于当时的影响，既如上述。现在我们且看他的一生对于后世的影响。

曾国藩的一生，对于后世所生的影响，这话是很难说的，并且说起来也是茫无头绪的，我们把它总括起来，勉强分做四项来说。这四项便是（甲）政治的影响；（乙）军事的影响；（丙）社会的影响；（丁）文学的影响。这些当然不是令读者满意的分类，但除此以外我实在想不出较好的分类了。

（甲）政治的影响　一个在历史课本上占着位子的人，不问他所占位子的大小，他的每一件事实，都和后来的历史发生不可分离的关系。就拿曾国藩来说，倘若洪、杨起事后，根本没有曾国藩其人的存在，那么后面的历史，又将成为怎样的现象？倘若曾国藩是出来了，而不帮助清政府，或是反被太平天国罗致去了，那么后面的一段历史，又将成为怎样的情形？曾国藩是出来帮助清政府了，但是倘若他在靖港自杀了，湖口遭难了，祁门战死了，那么后面的一段历史，又将成为怎样的情形？

倘若曾国藩而果有上面所述的情形之一，那么我们敢断言，清的寿命决不能在濒于危亡中，再挣扎了六十年的时间。我国的辛亥革命，也决不会要等到一九一一年的武昌革命，或许在太平天国时已经成功了，太平天国既统一中国，挟其新兴势力，其对外政策和手腕也许和清廷异趣，那么近几十年的一串外交史或许要用另一种形式而演出。至于对内方面呢，我们现在也许还是太平天国八十五年的纪年呢！一九一一年的革命，即使仍旧发生的话，所提出的口号，将仅仅是“民权”了。

曾国藩的成功，给清延长了六十年的皇祚，同时也给予清政府以自信。后来慈禧那拉氏的恣意骄奢，轻视外人，引出种种辱国丧权的事情，未尝非受曾国藩之赐。因为倘若没有曾国藩去把太平天国消灭，清政府苟安半壁，绝不敢有后来那些狂妄的行为做出来。这是曾氏对于后世影响的又一方面。

清以少数民族入驻中国，从康熙以来，一直抱着歧视汉臣的态度。乾隆屡兴文字狱，更引起汉人的反感。太平军起后，清因为晓得自己人颟顸无用，不得不延用汉人平乱。所以太平天国扑灭后，曾、左、李等都身居要职，手握大权，汉臣得清廷的重要位置，获得了前所未有的尊重。倘若清政府在太平天国之役后不重用汉人，也许汉人等不到一九一一年的大革命了。

（乙）军事的影响　湖南本来是民性刚强的地方，曾国藩募练湘军，终成大功，这事情给予湖南人很大的刺激，结果“从军”成为湖南人的一种风俗。中国人有句话，叫做“好铁不打钉，好男不当兵”，这话在湖南是不合民情的。因为湖南许多家里很过得去的人家，也让青年们出来当兵。往往一家三个兄弟，三个兄弟便完全当兵。所以当兵在别的地方也许是穷极无赖的归宿，在湖南却是正当的职业。这种尚武的精神，是很可佩服的。

民国十六七年间的国民革命军，出师北伐，抵于成功，湖南人实在立了不少的功绩。直到目前为止，湖南军人永远占着中国军队的大成分，并且其耐劳善战，仍不脱当年湘军的本色。我们推根溯源，觉得湖南人民的从军习惯，固然由于民族性的刚强，也未尝非受曾国藩的影响。

（丙）社会的影响　一个在历史上有地位的人，他在政治上的影响，消灭也许很快，但在社会上的影响，却并不是这样容易消灭的。

曾国藩的思想，偏重于守旧一途。他在世的时候，崇尚气节，提倡俭朴，标榜道德，力体躬行。而在社会上影响最深的，便是发扬孝悌忠信礼义廉耻的精神，以及旧礼教的崇奉。社会的本身是富于保守性，同时又富于摹仿性的。曾国藩之风，但内地尤其是湖南乡间，都还保守着俭朴之风。这些固然是受着物质环境的限制，但曾国藩的流风遗韵，也是无形中的一种影响。

（丁）文学的影响　在这一方面，我不能举出若干显明的例子。譬如说康梁等维新之文，以及胡适之先生的文学革命，我们当然没有方法强迫使它们和曾国藩联络起来，我现在所能说的，只是曾国藩的家书和日记。

曾国藩的家书和日记，在文学上当然不能说是有多么了不起的价值，但其对于后世的影响，实在是很大的。我们在一个很平常的人家，常常可以找到一两本曾国藩的日记或家书。又在穷乡僻壤的私塾先生处，往往可以看到他把曾氏的家书或日记作为主要读物。一个关心子女，希望他能立身成人的家长，往往劝他的子女们阅读曾氏的日记或家书，甚至用作养身的良药。从这上面看来，曾国藩在文学上的势力，非唐宋大家如韩愈、柳宗元等所能比得上的。其于民间的流行，实在和和尚道士的符箓一样普遍。

其他如主张派遣留学生，主张仿造舰炮，很显著地，更是曾氏对于后世极有影响的事情了。

曾国藩年表

嘉庆十六年（辛未，1811）一岁

国藩在这年十月十一日亥时生。

嘉庆十七年（壬申，1812）二岁

嘉庆十八年（癸酉，1813）三岁

嘉庆十九年（甲戌，1814）四岁

六月间妹国蕙生。

嘉庆二十年（乙亥，1815）五岁

嘉庆二十一年（丙子，1816）六岁

开始在家塾里读书。十月间曾祖父竟希公去世。

嘉庆二十二年（丁丑，1817）七岁

跟着父亲竹亭读书。

嘉庆二十三年（戊寅，1818）八岁

八月间妹国芝生。

嘉庆二十四年（己卯，1819）九岁

嘉庆二十五年（庚辰，1820）十岁

五月间弟国潢生。

道光元年（辛巳，1821）十一岁

道光二年（壬午，1822）十二岁

五月间弟国华生。

道光三年（癸未，1823）十三岁

道光四年（甲申，1824）十四岁

和欧阳夫人订婚。到长沙应童子试。八月间弟国荃生。

道光五年（乙酉，1825）十五岁

道光六年（丙戌，1826）十六岁

应童子试考取第七名。

道光七年（丁亥，1827）十七岁

道光八年（戊子，1828）十八岁

九月间弟国葆生。

道光九年（己丑，1829）十九岁

道光十年（庚寅，1830）二十岁

到衡阳唐氏家塾去读书。九月间季妹生。

道光十一年（辛卯，1831）二十一岁

从衡阳回来，到本邑涟滨书院读书。

道光十二年（壬辰，1832）二十二岁

道光十三年（癸巳，1833）二十三岁

补县学生员。十二月间和欧阳夫人结婚。

道光十四年（甲午，1834）二十四岁

中举人。十一月到北京去。

道光十五年（乙未，1835）二十五岁

在北京。会试不售，留京读书。

道光十六年（丙申，1836）二十六岁

出京经江南到湖南。

道光十七年（丁酉，1837）二十七岁

十二月间离开湖南到北京去。

道光十八年（戊戌，1838）二十八岁

中进士。升翰林院庶吉士。八月出都，十二月到家。

道光十九年（己亥，1839）二十九岁

十一月子纪泽生。北上，十二月经过汉口。这一年开始记日记。

道光二十年（庚子，1840）三十岁

授职检讨。不久又派为顺天乡试磨勘官。

道光二十一年（辛丑，1841）三十一岁

充国史馆协修官。

道光二十二年（壬寅，1842）三十二岁

和倭仁等讲究学问。这年春天中英鸦片战争，订《南京条约》。

道光二十三年（癸卯，1843）三十三岁

做四川正考官，后来补为翰林院侍讲，回京充文渊阁校理。

道光二十四年（甲辰，1844）三十四岁

充翰林院教习庶吉士，后来转补翰林院侍读。

道光二十五年（乙巳，1845）三十五岁

升翰林院侍讲学士；十二月补日讲起居注官，充文渊阁直阁。

道光二十六年（丙午，1846）三十六岁

十一月祖母逝世。

道光二十七年（丁未，1847）三十七岁

十月充武会试的正总裁；又派为殿试的读卷大臣。

道光二十八年（戊申，1848）三十八岁

第二个儿子纪鸿生。

道光二十九年（己酉，1849）三十九岁

被任为礼部右侍郎，八月间兼署兵部右侍郎。十月，祖父星冈公卒，请假两月服丧。

道光三十年（庚戌，1850）四十岁

清帝文宗即位。十月兼署兵部左侍郎。

咸丰元年（辛亥，1851）四十一岁

疏陈简练军实以裕国用的奏折，为清帝所质赞许。又上敬陈圣德一疏，很多切直的话，为大家所注意。五月兼署刑部左侍郎。

咸丰二年（壬子，1852）四十二岁

这时太平天国已经起事年余，清军乌兰太、向荣不能胜。国藩疏请宽免胜保处分，以广言路。六月被任为江西正考官，走到安徽太湖县境，听到母亲江太夫人的讣耗，八月回家。

洪秀全等从广西进湖南，围长沙不克，沿洞庭湖东下，连占岳州、汉阳、武昌等处。国藩奉命办理团练，在长沙操练湘军。

咸丰三年（癸丑，1853）四十三岁

太平天国攻下安庆，建都南京。七月湘军到南昌。八月国藩移驻衡州，创办水师。太平军攻下九江，南昌戒严。十二月太平军攻下庐州，江忠源战死。

咸丰四年（甲寅，1854）四十四岁

在衡州经营水师。太平军下岳州，国藩从岳州败退长沙，塔齐布在湘潭获胜；四月在靖港战败，国藩投水自杀未成。七月攻克岳州，八月攻下武昌、汉阳，国藩便带兵东下，围攻九江。太平军以夜间开小艇袭国藩营，坐船为敌军所获，文卷都因此散失尽了，国藩躲往罗泽南营。

咸丰五年（乙卯，1855）四十五岁

回南昌重振水师。三月进驻南康。五月在青山获胜。这时塔齐布卒于军中。到九江巡视后仍回南康，九月进驻屏风。太平军石达开大队来江西，连下新昌、安福、万载等县，直逼南昌。彭玉麟在衡州听到江西紧急，赶回南康，派水师扼守临江。

咸丰六年（丙辰，1856）四十六岁

彭玉麟在樟树镇获胜。太平军攻下吉安，国藩回南昌助守。诸弟听到阿兄的警耗，国华从湖北带兵五千转战而东，直达瑞州府；国荃在长沙募勇二千人，称做“吉字营”，到江西相救。九月国藩到瑞州劳师，不久便回南昌。十一月国荃进攻吉安。胡林翼派人东征，连下武昌、黄州、蕲州，直达九江城外。十二月国藩赴九江劳师，不久便回南昌。

咸丰七年（丁巳，1857）四十七岁

二月初四父亲竹亭在湘乡逝世，国藩和国华从瑞州奔丧，国荃从吉安奔丧。奏陈丁忧回籍，得假三月。九月因江西军务，渐有起色，清廷允许国藩在籍守制。十月国荃进兵吉安，和太平军石达开大队交战，获得胜利。十二月楚军克临江府。

咸丰八年（戊午，1858）四十八岁

国藩在家乡小住。国荃、李续宾、杨载福等，慢慢肃清了江西。太平军入浙江，清廷命国藩出来办理浙江军务。曾国藩便从湘乡到长沙，经武昌、九江、湖口，以达南昌。八月到湖口营，国荃攻克吉安，江西全省肃清。九月移驻建昌府，十月李续宾和国华战殁于三河镇。

咸丰九年（己未，1859）四十九岁

二月萧启江攻克南安，闽省肃清，国藩移驻抚州。六月国荃打下景德镇。七月国荃带兵从抚州到南昌。他的弟弟贞干（国葆）在广州从军。八月国藩到黄州，立刻又到武昌。十月计划四路进兵，不久因目疾请假，在营休养。十一月从黄梅移驻宿松县。

咸丰十年（庚申，1860）五十岁

二月叔父高轩逝世，国藩请假四十天。闰三月国荃从湖南来营，领兵进攻安庆。国藩疏请左宗棠刚明耐苦，晓畅兵机，请破格录用。这时太平军占领苏常，国荃专力围攻安庆。六月国藩到祁门县。八月太平军攻下宁国府，祁门危急。左宗棠军抵景德镇，在贵溪打退太平军，英王陈玉成大举援安庆，国荃击退他们。

咸丰十一年（辛酉，1861）五十一岁

太平军围攻祁门，势很危急，二月攻下景德镇。三月国藩亲自到休宁督攻徽州不下，仍回祁门。四月移驻东流县。八月国荃攻下安庆省城。这时候清帝咸丰已死，同治即位。九月国荃进军庐江县。十二月清军屡获胜利，清廷命彭玉麟为安徽巡抚，国藩疏称玉麟素统水师，舍舟登陆，用违其长，请仍领水师。

同治元年（壬戌，1862）五十二岁

国藩被任为两江总督协办大学士。二月左宗棠攻下遂安县。国荃带领了新募的湘勇六千人到安庆。三月李鸿章带领着湘淮军到了上海皖浙一带，清军迭有胜利。四月国荃打下金柱、关东、梁山、芜湖。太平军逼上海，李鸿章苦战退敌。这时江南疫病流行，忠王李秀成趁机围攻国荃大营，国荃死守。十一月贞干在军中逝世。

同治二年（癸亥，1863）五十三岁

正月国藩从安庆出来东行视师，二月底回安庆。三月国荃被任为浙江巡抚。李鸿章攻下昆山。国荃进攻雨花台，占领聚宝门外石垒。四月太平军反攻，清军坚守不出。八月李鸿章攻克江阴。九月国荃占领秣陵关，清军扎孝陵卫，逼近南京，十月李鸿章攻克苏州。

同治三年（甲子，1864）五十四岁

正月国藩在安庆。国荃夺得天保城。二月左宗棠克杭州余杭。四月李鸿章攻下杭州，太平军大举入皖，国藩在徽州失利。五月清政府令李鸿章助攻南京，李鸿章不愿争功，按兵不动。六月国荃攻下南京，太平天国灭亡。曾国藩受封为一等侯爵，国荃为一等伯爵。国藩从安庆到南京，亲审李秀成。七月国藩裁去湘军二万五千人，回安庆。左宗棠平浙江。曾国荃请病假。九月国藩回南京就两江总督任。十月国荃回湘。捻军起事。

同治四年（乙丑，1865）五十五岁

四月捻军势大盛，僧格林沁在曹州阵亡，五月清廷命国藩前赴山东一带督师，国藩起程北上，剿捻不能获胜。十月因病请假一月。十一月清廷命国藩将军务交李鸿章接办，回两江本任，办理饷需。国藩驻兵徐州。御史穆缉香阿弹劾国藩师久无功。

同治五年（丙寅，1866）五十六岁

二月从徐州北上，在山东一带剿灭捻军，仍不能获胜。十月请假一月休养。国藩请开去两江总督缺，仍在军营服役。

同治六年（丁卯，1867）五十七岁

正月国藩从周家口到徐州，仍旧接受两江总督的印信。清廷命李鸿章做湖广总督。二月李鸿章到河南督师，国藩从徐州回到南京。十月曾国荃请开去湖北巡抚缺，回籍养病。十二月李鸿章剿平东捻。

同治七年（戊辰，1868）五十八岁

四月国藩从南京出巡，巡扬州、镇江、苏州等处，闰四月初十日到上海，查阅舰炮工程，不久便回南京。清廷调国藩做直隶总督，十一月从南京启行，十三日到北京，第二天谒见清太后慈禧。

同治八年（己巳，1869）五十九岁

正月和慈禧谈练兵和吏治的方法，二十日出北京，巡视永定河堤工，二十七日到保定省城，二月就直隶总督职。国藩决定直隶练兵，应参用东南募勇的方法，仍旧由户部筹饷，而后营务才有起色。

同治九年（庚午，1870）六十岁

三月国藩左目失明。四月患眩晕的疾病，请假一月调理，后来又续假一月。这时候天津发生教案，引起对外交涉，清廷命国藩调补两江总督。九月天津教案解决。国藩入京和清廷谈论教案外交国防等事。十月十一日做寿，十二月回南京。

同治十年（辛未，1871）六十一岁

七月国藩和李鸿章曾请清廷派刑部主事陈兰彬、江苏同知容闳，选带聪敏子弟，出洋学习技术。八月出省大阅。十月到吴淞口检阅，并试演轮船，十五日回南京。

同治十一年（壬申，1872）六十二岁

正月二十三日国藩患肝风疾病，右足麻木，许久才痊。二十六日肝风又发作一次。二月初二日国藩正在看书，势笔而手颤，不能说话。他自己晓得死亡在即，留下遗言。初四日到衙门后面西花园散步，游毕将要回来，忽然连说脚麻，扶到厅堂，不久便逝世了。